〔新版〕

奇跡はいつも起きている

宇宙を味方にする方法

ヨグマタ相川圭子

Keiko Aikawa

大和書房

はじめに

人生を再生させる、心の資質の変容

人はそれぞれの生き方をして、つねに努力をしているのでしょう。もっと人生について知りたい、あるいは楽になりたいと幸福を求めて生きています。どういう幸せがいいのか、あなたが最強の人、最高の人、完全なる人間になるための導きがヒマラヤ秘教にあります。それは宇宙のすべてを解明していく人です。

あなたは宇宙と同じ素材でできている小宇宙であり、それを磨いていくのです。私はヒマラヤにて、究極のサマディを成就して、真理を悟り、あなたの素晴らしさを知っています。あなたの中の素晴らしさを開発するカギをもっています。

それは奇跡の力の開発です。あなたは生き方についての指針を知って、願わくば実践をしていくのです。

人は、遠い過去から現在までの、すべての経験を深い心に刻んできました。その記憶は人生の設計図となり、あなたの宿命と運命をつくり上げているのです。その膨大な過去生と今生の体験の記憶が蓄積されて、あなたの人生に影響しています。

この体験を得る行為を「カルマ」といい、また広い意味で、体験の記憶の蓄積もカルマといいます。

「カルマ」の語源はインドの古典語であるサンスクリット語に由来します。

カルマは、シンプルな法則で機能します。

それは「原因があるから結果がある」という、宇宙の原理です。人間の行いや心の働きが、宇宙の法則によって報いられるわけです。

それは「因果の法則」でもあり、「いい行いをすれば幸福な生活やよい転生が得られ、逆に悪い行いをすると苦難や悪い転生が訪れる」とされています。「行為と同じ質のものが、いずれ必ず返ってくる」というわけです。

来生がどのようなものになるかは、数え切れないほどの過去生を含めた前生での行い、つまり蓄積されたカルマで決まってきます。ですから、未来に悔いや無念を引き継がないためにも、今生をいい人生にして、悟っていくことが人として生まれた目的になります。

あなたの運命は「本当のあなた」にかかっている

あなたが外側の世界を見ます。そのときは、心の価値観を通して見ています。つまり、カルマを通して見ているのです。

ヒマラヤの恩恵は、そのカルマを浄化し、運命を描き替えます。本当の自分に出会って、あなたの人生に奇跡をもたらします。生きるのに何の抵抗もなく楽になり、幸せになる奇跡。それは浄化と変容への道であり、悟りへの道です。

人が変わることはとても難しいものです。なぜなら長い間積み重ねたカルマの層が厚く頑固であるからです。究極のサマディに到達したヒマラヤ大聖者（シッダーマスターともいいます）の波動は、レーザーのように深く浸透して、人のカルマを溶かす力があり、それを超えさせます。

シッダーマスターからいただくディクシャ（秘法の伝授）は、あなたを浄め、カルマを変容させる力があります。ヒマラヤ秘教では、数千年もの間、その奥義が脈々と受け継がれてきました。マスターから弟子に口伝《くでん》で伝えられてきたのです。

私はヒマラヤ大聖者に出会い、口伝で秘法を伝えられ、ヒマラヤ秘境にて苦行をして、死を超えての究極のサマディを体験し、真理を実際に知りました。そこからの叡智の言葉と宇宙的愛とさらにシャクティ（パワー）を送り、あなたを変容させることができます。

あなたが「幸せになる奇跡」に出会うために

さて、私のまわりにはいつも奇跡が起きています。ヒマラヤ聖者につながると源の力が働き、奇跡が起きるのです。あなたの中にもある本当の自分が目覚め始めます。シッダーマスターへの信頼、無償の愛、無心によって、その無限の力が働くのです。

執着のない無心は、途方もない大きなエネルギーを引き出します。それは否定の心で使うと破壊的に働くので、注意が必要です。奇跡の力は、あなたが信じるとき、純粋なときに働きます。それは心身を超越したときに働くのです。そこに自分を超えた大きな力が現れてくるのです。

ヒマラヤ聖者を橋として、創造の源、神につながります。神はそこらじゅうにあるのに、純粋な修行をした存在が橋にならないとその力を受け取ることができないのです。

その力に出会わせるのがヒマラヤ聖者（シッダーマスター）です。ヒマラヤ聖者はあなたを内側から変容させて輝かせる、奇跡を起こす水先案内人です。あなたの中にあるその力を阻むものを浄化します。


人と出会うとき、カルマによって評価、区別、感情などが湧き上がります。これらを自己防衛として使うのではなく、学びのための出会いにしていきましょう。その反応は、悪いものばかりではありません。よい反応もあります。

次に、反応を引き起こしてくれたできごとや物や人間に対して、感謝の気持ちをもちましょう。「おかげで、私の内側に思いが湧き上がり、浄化の機会をいただきました。ありがとうございます」と思います。感謝の気持ちによって、関係に変化が起き、良好な関係を結びなおすことができます。

よい行為を阻むものは、人に分かち合うことができない利己的な心です。それは苦しみを生みます。それを解き放つのが感謝なのです。感謝をもって、日々心のカルマを浄化します。

さらには、変容をさせてくれる体と心と魂を浄化するヒマラヤ秘教の修行を行っていきましょう。

未来をデザインできるのはあなただけ

ヒマラヤ秘教の実践で、あなたは守られ、安全に幸福への道を歩むことができます。「よいことをすれば、よいことが返ってくる」という原因と結果の法則にしたがって、「よい行い、よい言葉、よい思い」を心がけます。そうしたプラスのカルマを積んで生きることは、未来への幸せの貯金になります。

それはあなたの来生への遺産として魂に引き継がれます。この功徳《くどく》はどこかに落とす心配もなく、盗まれることもありません。未来永劫に消滅することのない心の財産。魂のお守りです。


「なぜこのように生まれたのか」と悩んだり、落ち込んだりするのではなく、「今をどうするか」「いかによく生き抜くか」と意志の力を強くもっていきましょう。あなたの人生をつくるのは、あなたなのです。

目の前に現れることを謙虚に受け止め、純粋なマスターを信じ、自らの意志と判断で最善策をとります。そうすれば必ず美しいカルマの人生、新しい運命が開けてきます。

この世の中がよくなるように、マスターにつながって純粋な祈りをします。マスターにつながっての祈りは尊い行為です。

それはあなたの運命を変え、まわりを幸せにして、先祖が浄まることにもつながります。さらに集合意識のレベルから世の中が平穏になるでしょう。これはじつは最もすばらしい善行なのです。

物は溢れていても精神は満たされていない

『奇跡はいつも起きている』が初めて刊行されてから、10年が経とうとしています。その間、日本ではいろいろなことが起きました。大規模な震災や豪雨による自然災害、コロナ渦による社会の混乱、凶悪な犯罪も後を絶ちません。海外に目を向けても同様です。人種間での弾圧や虐待が報じられ、無慈悲な戦乱は一般人を巻き込んで止むことを知りません。

一人ひとりがカルマを超えて神のような存在になっていただきたい、そして平和な世の中を実現する愛の力をもってほしい、というのが前回、本書を上梓する際の私の願いでした。しかし、誰もが穏やかな日常を送るのはまだ先の話のようです。だからこそ、心にふりまわされず、物に依存せず、意識を進化させて時空を超えた自我を確立していただきたいと思います。そこに大きな救いがあります。奇跡が起きます。神の力は無限であり、またゼロに戻す力であり、生まれ変わらせる力です。人の中に眠る力をヒマラヤ秘教は目覚めさせ、進化させます。その意味から今回、カルマについてさらに深掘りした内容を加筆することにしたのです。

令和を生きる人たちを見ていると、物質的には恵まれているのでしょうが、精神的な充足感が薄いように思います。どうか心が満ち足りる豊かさを求めてください。それが日本をよりクオリティの高い国にしていく足がかりになるはずです。

奇跡の力はいつも起きている

ヒマラヤ秘教は、尊い教えです。本来は出家者が行じる密教です。それを実践しやすい形で、みなさんが苦行をしなくても安全に結果が出るように、私の叡智をシェアしています。本書では、その一端を開示しています。

どんな運命も必ず変えられます。「これが私の宿命だ」などとあきらめず、カルマを乗り越えていきましょう。今の自分を突き破っていきましょう。

あなたには、次のような言葉が必要です。

ありがとうございます。
私に奇跡の力がいつも起きている恵みがありますように。
その力をクリエイティブな力として活用できますように。
神を愛します。
創造の源を愛します。
無限の力に感謝します。
本当の自分を信じます。
あなたのつくるすべてを尊敬しています。
神にサレンダーします。
おまかせします。
本当の自分にサレンダーします。
私は無知で、今まであなたへの尊敬が足りませんでした。

エゴを手放した素直な心に、神の恩寵が流れます。それが絶大な奇跡を起こします。あなたが真理の人になるという、最高の奇跡が起きるのです。

本書を書くにあたり、多くの方々の協力をいただきました。ここに感謝申し上げます。

皆様に神の祝福がありますように。

2024年2月

ヨグマタ　相川圭子

『［新版］奇跡はいつも起きている』

目次

第2章

源の存在につながりカルマを浄化する

第3章 誰にも神は宿り、力を与える

第4章

運命を変えるヒマラヤ秘教の教え

第5章 本当の自分を生きる

特別編

神につながるディクシャについて

デザイン　庄子佳奈（marbre plant inc.）
編集協力　児玉光彦
校　正　メイ
DTP　EDITEX

第1章

目には見えない不思議な力

運命を決めている設計図

人生の設計図はすでにつくられている!?

一人ひとりの人生には、すでに決められた設計図があります。そこには、今あなたが生きている「今生」だけでなく、何生もの生まれ変わってきた過去生から、現在さらには未来につながっていく壮大な物語が描かれているのです。あなたが体験した出会いや別れ、それにさまざまなできごとと、そこに起きる喜怒哀楽などのすべてが組み込まれています。

どんな両親のもとに生まれ、どんな生い立ちか、そして仕事に就き、あるいは結婚をして子どもを授かり、病を患い、死を迎えるまで、設計図どおりの道を自ら選んで進んでいきます。

自分の心で選んでいるように思いますが、結局は無意識の中にある心の働きによって、決められた道を歩んでいくことになります。「私はいつも自分で考え、判断している」と思うかもしれませんが、実際はそれに気づいていないだけなのです。また気がついても、設計図の力は強く、それを変えようとしても変えられません。

あなたにも「やめたほうがいいと頭ではわかっているのに、やめられない」ということがありませんか。

それではいったい誰が、この人生を操作しているのでしょうか。**心の中にある設計図を描いているものがいます。それは「カルマ」といわれるものなのです。**

カルマという言葉を、初めて耳にする人もいるでしょう。カルマは、仏教用語では「業《ごう》」と訳され、「体や言葉、思いによる人間の行為のこと」を指します。行動すること、話をすることなど、すべての行為とその結果をカルマというのです。

そしてすべてのカルマは、その人の心と宇宙空間に波動（エネルギー）となって記憶されています。この記憶された波動もカルマといいます。**行為とその記憶の両方を合わせてカルマと呼ぶのです。**私たちの心の奥深くと宇宙空間には、過去に生きた時代（過去生）の膨大な記憶や、現在行っていることがどんどん記録され蓄積されています。ちなみに、不運続きの人に対して昔はよく「あの人は業が深い」などと言いました。この場合の業は、苦労の多い過去生を過ごしたことを指して言います。

親から子へと受け継がれるカルマ

私がたびたび訪れるインドには、かつてカーストという職業を区分する身分制度がありました。英国からの独立後に制定された憲法で、カーストによる「差別」が禁止されましたが、制度の名残はあります。

カーストには大きく分けて4つの階級がありました。最高の階級は「ブラフマナ」と呼ばれ、人々に宗教の教えを説く司祭を務める位です。次に「クシャトリヤ」という戦う役割を担う武士の階級があり、さらに、「バイシャ」という商人、奴隷の「シュードラ」へと続いていきます。昔はそうした階級制がありました。そして、それは今も民族の意識の中に一つの価値観として残っているようです。

日本にカーストはありませんが、昔から「蛙《かえる》の子は蛙」ともいわれます。医者の子は医者になり、サラリーマンの子どもはサラリーマンになる、といった具合です。

家庭から受けるエネルギーの影響や、親の生き方を間近で見て学ぶ面もあるからでしょうか、子どもが親と同じような生き方、職業を選択する場合が多いようです。

伝わる「思い」の波動

「思い」はカルマになる

人が行為をする（アクションを起こす）と、その行為と結果であるカルマが、潜在意識に記憶されます。思いもひとつの行為であり、それが結果を生み、カルマとなって記憶されるのです。心の中は見えないから何を思ってもいい、ということにはなりません。

思いは体の行動を起こします。ですから悪いことは思わないほうがいいのです。思っただけでカルマになるわけですから、何か悪いことを思い続けることは、たくさんの負のカルマを積み続けることになります。

「心にしまっておけばわからないでしょう」と思うかもしれませんが、心からは思いの波動が出て、それは相手にも伝わるものです。その波動もまたカルマとなって、しっかり記憶されます。

とくに相手への憎悪や怒りなどが長く続くと、力を帯びることもあります。それが潜在意識に記憶されていて、自分では忘れていても、ある刺激でスイッチが入り、相手への憎しみが再燃することもあります。

人への憎しみを抱いていると、自分のカルマも暗く染め上げられるのです。相手ばかりではなく、自分にも災いが及ぶことになります。人を恨んだり、嫌ったり、といったマイナスの感情は怖い面をもっています。

相手を許して、よい思いをもつことが大切です。体の行為や言葉と同様、思うことも時には暴力になることを心にとどめておきましょう。

口は災いの元

思いのカルマに関連して、言葉のカルマについても少しお話をします。

私たちの行いには、「体」でする行い、「口」を使った言葉による行い、さらには「心の中で思う」行いがあり、ヒマラヤ秘教や仏教ではこれを「身《しん》・口《く》・意《い》」の業（カルマ）として、まとめて三業《さんごう》と呼びます。

ヒマラヤ秘教には十善戒《じゅうぜんかい》という戒律があります。三業である「身業《しんごう》と口業《くごう》と意業《いごう》」を清浄に保つための戒めを表したもので、「不殺生《ふせっしょう》、不偸盗《ふちゅうとう》、不邪淫《ふじゃいん》、不妄語《ふもうご》、不綺語《ふきご》、不悪口《ふあっく》、不両舌《ふりょうぜつ》、不慳貪《ふけんどん》、不瞋恚《ふしんに》、不邪見《ふじゃけん》」というように10の行為をしてはいけないものとしています。

これは、人として悪いカルマを積まないための基本の教えでもあります。

『身業』は体による行いのことです。

不殺生……故意に生き物を殺さない、暴力をふるわない

不偸盗……他人の物を盗まない、情報を盗まない

不邪淫……不道徳な性行為を行わない、不倫をしてはいけない

『口業』とは口から発する悪い言葉のことです。

不妄語……嘘をつかない

不綺語……飾り立てた言葉を話さない、お世辞を言わない

不悪口……悪口を言わない

不両舌……二枚舌を使わない

『意業』とは心で思うことです。

不慳貪……貪《むさぼ》らない、欲をかきすぎない

不瞋恚……怒らない、感情に翻弄《ほんろう》されない

不邪見……間違った見方をしない

このようにヒマラヤ秘教では「心で思う悪事」も戒めています。前述したように、「黙っていれば誰にもわからないからいい」わけではないのです。

十戒の中で、口業が最も多いことに気づかれたでしょうか。これは人が言葉で悪いカルマを積んでしまいがち、ということを教えているのかもしれません。昔から「口は災いの元」といわれます。悪口や軽口、嘘や出まかせなど、「口のカルマ」には注意したいものです。

「身・口・意」を正しく愛をもって

私たちは体の行為（身）や言葉（口）、思い（意）によって日々カルマを積んでいます。ですから、カルマを生み出す三つの行いを意識して「正しく、きれいにする」ことです。

まず、体（身）がすべての基本です。いつも清潔にして、バランスを整えます。他人を傷つけるような行為はしないのです。みんなを助けるなどよい行いをします。

言葉（口）は感情の表れです。言葉で人を傷つけず、愛の言葉を発します。尊敬と誠実さで言葉をきれいにしたいもの。

意識して、気づきをもって話をしないと、無意識に人を傷つけてしまう場合もあります。とくに匿名性の高いSNSなどは、対面して会話をするのとは違い、エゴと感情のまま言葉が先走りしがちです。エスカレートした言葉の毒によって、相手の心にダメージを負わせてしまうこともあります。

心（意）に浮かび上がる、こだわりの思いを浄めます。カルマに染まった価値観を清浄にするには意識して気づくこと。そうすれば濁った水が浄水器を通ったように、クリアな思いだけが心を満たすようになります。

カルマの循環の旅は続いていく

私たちは、何生も生まれ変わり進化していく

ヒマラヤ聖者がサマディによって真理を悟った叡智が、ヒマラヤ秘教の教えです。私たちは、すべてを創り出す存在である「神」から送られてきました。神から体と心をいただき、さらにその奥には魂があり、それによって生かされています。

体は魂の社《やしろ》であり、魂のまわりに心があります。魂は個人の神です。生まれて、学びをいただいて生き続けていきます。

心には過去からのすべての記憶、カルマが積み重なっています。悔しかった思い出、怒りや悲しみ、イライラ、それに何かを達成した体験の喜び、学んだ知識、体験で得た知識、それらが価値観や観念となって心に刻まれて、体にもその影響が残ります。

過去に満たされなかった思いや欲望は、来生に持ち越されていきます。それらの思いを抱えたのが、死んだ後も生き続ける微細なエネルギーのアストラルの心、アストラルマインドです。

肉体を脱いだあと、よい魂は天国に向かい、カルマを積んだアストラルの心は、その質の世界に導かれ、そのレベルにふさわしいアストラルの体をいただき、長い年月にわたって責め苦を受けるといわれています。そしてカルマがある程度軽くなると、赦《ゆる》しを得て生前の願いをもって地球に生まれてくるのです。カルマが重いと、何千年と生まれ変われないこともあります。そして生まれて生き続けまた死ぬという生と死を繰り返していくのです。このことを輪廻《りんね》転生《てんしょう》、あるいはカルマの循環といいます。

遠い遠い昔、神から生まれ、意識がいろいろな生命の旅をして、そして人間になり、心の欲に翻弄されながら進化の旅を続けていくのです。

否定的な思いが負のカルマをつくる

心の否定的な体験も、その思いも、同じようにカルマとなっていき、その結果が記憶されます。過去に大失敗をした経験があると、同じことをするときに「自分にはこれはできない」と強く思い込んでしまいます。小さい頃にいじめられたり、怖い体験をしたりすると、本人はその体験を忘れていても、そのときの思いがカルマとして記憶に残っています。そして、似たようなできごとに出会うと、潜在意識の記憶にスイッチが入り過剰に自己防衛したり、恐怖を感じたりすることがあるのです。

また、ある人を嫌いだと思ったとします。「思うことは誰にもわからないから、別に問題ない」と思うかもしれませんが、神は見ていますし、その思いのエネルギーはまわりに伝《でん》播《ぱ》していきます。

そうした否定的な思いが、同類のエネルギーや事象を引き寄せて自分に返ってきて苦しむのです。そうして同じカルマが形成され、繰り返されていくのです。

古代インドで生まれた思想――輪廻転生

輪廻転生は「生まれ、また死んで、また生まれという輪廻を繰り返して進化していく」というインドに発生した哲学思想です。

古代インドで発祥した考えであり、ブッダの時代には「前生の行いがいいから王族になれた」「悪事を働いたから奴隷に生まれた」など、身分制度までカルマによるものだといわれていました。今もインドの人たちの死生観に、大きな影響を与え続ける思想といえるでしょう。

そして転生とは「生まれては死ぬことを繰り返す」ことで、それは人だけではなく、動物や植物、鉱物などを含めた生類として、何十億年もの気の遠くなるような遥かな年月にわたって、何度も生まれ変わることを指します。

また人間として生まれて心をいただき、さらなる欲望による行為のカルマの結果、死んでから魂とアストラルマインドに記憶された質にしたがって、天国とそれ以外のカルマの質の世界に導かれます。アストラルマインドは、責め苦を受けるための、新しいアストラルの体で生き続け、そのカルマに応じた年月をそこで過ごし、再び生まれてくることを繰り返していくのです。

人間はいろいろな欲望を成し遂げたいと、生まれてくることを繰り返しているのですが、最高の願いが人生の悟りです。そして、ヒマラヤ聖者との出会いによって実現できる悟りへの道は、輪廻転生からの解放への道なのです。

思考や感情の癖がキャラクターをつくっていく

カルマは体と心に蓄積され、一人ひとりを独自の色合いに染め上げています。

過去生の記憶には、そのとき、その世界で何が起きたか、どんな家庭に生まれたか、また家族から受け継いだものなどがあります。あなたが何をなしたかが記憶され、その成功や失敗、喜怒哀楽のすべてでつくられています。

過去に大変な過失があれば、それが強く記憶されて二度と繰り返さないような行動や考え方をします。しかし、そうした記憶が逆にそれを引き寄せることも多々あります。一方でいい思いをしたこともしっかり記憶され、もう一度同じ思いをしたい、という執着や欲望が焼きつけられるのです。

こうした記憶の積み重ねが、好きな物や人を引き寄せたり、嫌いな物や人を引き離したりします。物事に積極的に向かったり、それに苦手意識をもって離れたりします。

また、命を失うときの死の瞬間の恐怖や、生まれるときの未知の世界への旅立ちに対する恐怖など、人それぞれの違う恐怖感も記憶しています。あるいは、何かを得たり達成したりしたことで感じた喜びなどの幸福感を記憶しています。また、幼いときからの親の教育が染み込んでいます。ほかにも学校や社会での教育、種族、民族、国、宗教の教えも記憶され、それぞれの人の考え方に影響していきます。

それらの体験から、自分の信じる価値観がつくられます。**いろいろなことに遭遇する中で、その人の使うチャンネルができていきます。**そこにスイッチが入りやすくなるのです。それは執着や考え方、感情の癖になり、行動や思考のパターンとなって、人それぞれの性質やキャラクターができあがります。

また、こうした心の使い方で、神経やホルモンの使われ方が異なります。それはエネルギーのセンターである「チャクラ」の発達度合いの差を生むのです。

チャクラは神経やホルモンが集まっているところです。尾骶骨《びていこつ》から頭頂に至る背骨に沿って、七つのチャクラがあります。それは、後ほど述べる五つの宇宙を構成する要素にも関わっています。

エネルギーの発達の違いによって、体型にも違いが生まれます。神経が発達した人は、体が細い人が多いのです。肋骨《ろっこつ》が発達している人は、筋肉が発達しています。消化器が発達した人は、左右のゆがみが出やすかったり、脂肪のつきやすい体質ともいえます。また、骨盤が発達している人は体が丈夫です。過去生から、どのカルマが働いていたかが関わってきます。

人それぞれ独自の色合いをもったカルマは、さまざまな執着や欲望を行為にして実現しようとしています。それがその人の運命となり、未来へのカルマとなっていくのです。カルマによって設計図がつくられ、今生や来生の運命が決められるのです。そこには親子の縁や夫婦の因縁、人との出会い、才能の開花なども組み込まれていきます。

願いはエネルギーとして未来に放たれる

種のカルマが目覚めるとき

カルマには3種類の状況があります。ひとつは「サンスカーラ」という細やかなエネルギーをもった今生と過去生の記憶です。今は眠っていて、これから未来に向かって目覚める基本的なカルマです。今生に現れるとは限らず、いつ芽が出るかわかりません。どんな両親を選んで生まれるかなどにも関わってきます。

現在の行い、今起こっているカルマを「ボガ」といいます。それは特別な行いのみではなく、食べたり、歩いたりなどの、ごくふつうの日常生活の行為すべてを指します。生きるために毎日繰り返されていくもので、活動しているエネルギーです。

もうひとつ、未来に起きることがすでに仕組まれているカルマを「プラブダ」といいます。それは、心の奥深く本人の気づかないところで、すでにカルマの矢が放たれ、進行形のものです。潜在的な活動性のエネルギーで、運命的に決まっているカルマです。

たとえば病気になる、災難に遭うといった不運から、最愛の人と結ばれる、思わぬ成功をするなどの幸運まで、今生の未来や来生に起きる種を宿しています。

「ボガ」として起きている現在の行為は、過去のカルマの願いが実現し現象化して終わる姿ともいえます。そして、それは再び記憶されカルマとなります。このように原因と結果が果てしなく繰り返されていくのが、前述の「カルマの循環」というわけです。

思いの強いカルマは奥深くに記憶され、「サンスカーラ」をつくり、あるいは「プララブダ」となり、未来に種を蒔《ま》きます。そして強い思いは、いつか実を結びます。たとえば、ものすごく好きな人がいれば、次の生に、また似たような人を好きになるでしょう。それが「プララブダ」です。

こうして私たちの願いや執着がカルマというエネルギーとなって放たれ、未来にさまざまな事象を引き起こしていくのです。

多くの病気には潜伏期間や、自覚症状が表れない期間があります。それが疲労や精神の落ち込みなど、心身が何らかのダメージを受けたことをきっかけに、突如として発症することがあります。カルマにもそれと似たところがあり、種として眠っているカルマも、過度のストレスや何かの悪い状況が引き金となってエネルギーが活性化されて現れることがあるのです。

ですから健康はもちろん、身のまわりのさまざまな環境も整えて、心身ともにバランスのとれた生活をすることが大切になります。よい環境で生活をしていれば、幸運や才能のカルマが目覚め、それが成熟して実を結ぶ可能性が高くなるわけです。

何生も前の記憶がふいによみがえるとき

あなたにも「ああ、これはどこかで見たことがある景色だ」とか「この人は、以前どこかで会ったことがある」など、初めての出会いに既視感をおぼえた体験があるのではないでしょうか。

何か不思議な感じがするかもしれませんが、遥か昔に出会った景色や縁のあった人の印象が、同質の波動に出会うことにより瞬間的に活性化したのです。過去生のどこかで、そうした出会いや体験があったのだと思いますが、今生の自分にはわかりません。ただ心の中に記憶が残っているので、その当時の感覚がパッとよみがえるのです。

このようなときには、それをきっかけに関連する記憶もよみがえる場合があります。潜在意識が活性化するからです。あなたの深いところが現れやすくなったのです。そんなときは、そのエネルギーと正しくつき合えるようにしていったほうがいいのです。

たとえば、急に才能が開くことがあるかもしれません。ふつうならそのまま通り過ぎるのに、ふと立ち止まったことで縁ができ、そこからどんどんチャンスが巡ってくることになるかもしれません。**ひとつのエネルギーが刺激されることで、ほかのカルマが連鎖反応を起こし、思わぬ方向に運命が展開することもあります。**

人は死と生誕を繰り返し続ける

私たちはこの地球上に生を受けて生き続け、やがて死んでいきます。

さまざまな生きるための行為をし、喜怒哀楽を体験して、それは潜在意識に刻まれていきます。また、過去生での記憶の中の願いを叶《かな》え、いろいろな事柄を体験します。そして今生では叶わなかった願いは潜在意識に深く刻まれ、その願いをもったまま死を迎え、再び生まれてくるのです。

すべてのものが生き続けたい、成長したいという願望があるので、自分だけではなく、先祖の思いが身内の体にとりついて生まれてくることもあります。過去生で成し遂げられなかったことを終わらせるために、現生は苦しい世界だとわかっているのに生まれてくるのです。

人は生きているときにいろいろな希望や願望がありました。しかし、それらをすべて叶えられる人はごくわずかです。多くの人は後悔や無念を胸に亡くなり、その心残りを成就させるために来生に生まれてきます。

この果てしない「死と生の繰り返し」の中で、実に多くのカルマが心に堆積され、あるものは解消し、またあるものは発芽を待ち続けています。そう考えると、私たちの心の中は実に多彩な記憶が詰まった、不思議なブラックボックスのように思えてきます。

ヒマラヤ秘教はすべての宗教の源流であり、この輪廻、生まれ変わりの苦しみから解放される道を発見したのです。究極のサマディで、このミステリアスな心の仕組みや構造を、数千年前にすべて解き明かしました。それと同時に、人の体の驚異にも迫ったのです。次のテーマでは、人体と宇宙のリンクについてご紹介したいと思います。

私たちの体は、宇宙と同じ素材でできている

何生もの生まれ変わりをカルマがつなぐ

創造の源の存在の力によって、宇宙が創造されてきました。太陽が生まれ、地球が創造されました。そこにいろいろな鉱物や生物が生まれてきたのです。人間の魂が生まれ、そこから心が生まれ、体が生まれました。そのプロセスはエネルギーの体になり、さらに物質の体になったのです。魂の体はコザール（↓119ページ）の体です。さらに心の体であるアストラルの体（↓119ページ）に包まれています。それらの体験を長く経て、この肉体の体として生まれます。体は小宇宙であり、それは五つの元素でできています（↓48ページ）。

このように人間には、自然界のあらゆる形態のエネルギーがあります。また動物のよう

なカルマもあったり、植物のようなカルマもあったりします。動物時代の攻撃的な自己防衛のエネルギーの体験も、植物のおとなしいエネルギーの体験も、ひとりの人間の中に混在しています。そうした循環を誰もが生き抜いてきたのです。

食事の仕方の習慣も、その土地に合った食物のとり方をして、それらが習性になっています。それは種族や民族によっても、そのスタイルが違います。その中で学んでいるからです。また、赤ちゃんがすぐに母乳を吸うことができたり、生まれたばかりの猿が母親に抱きついたりすることは、過去生の記憶からきています。人間になってからも、そうした生きるための過去の習性が続いているのです。そのこともカルマに沿った生き方であり今につながっているのです。

そうして人間としての輪廻転生を続け、過去生の積んだカルマの影響のもとに、縁があるところに生まれ変わってきたのです。自ら両親や家族を選んで生まれ変わってきました。そして今生の体験をプラスして死に、やがて再生されて生まれ変わります。何千回も何千万回も生まれ変わり、カルマを積んでいくのです。その生まれ変わりは、何百年という単位ではなく何億年という途方もない時間の流れの中で連綿と続いていきます。カルマには、こうして生まれ変わってきた中での記憶もすべて残されているのです。

体をつくる五つのエネルギー

この宇宙は、いったい何でできているのでしょうか。

創造の源の神が、この宇宙を生み出しました。私たちは宇宙の一員としてこの地球に送られ、生まれてきました。私たちのこの肉体は、宇宙と同じ素材でできています。それらは、宇宙を構成する五つの基本の要素で構成されています。

空《くう》、風、火、水、土の五つの元素のエネルギーです。これらのエネルギーが集まって体が構成され、働いて、私たちが生きているのです。空の要素は意識を発達させます。そして体内の隙間を形成し、この隙間があることで、自在に体を動かせます。風の要素は、心の働きをつくります。酸素を全身に運んでいく気を回しています。火の要素として、熱の力が消化や新陳代謝を行い、化学工場のような働きをしています。水の要素は、体内にある水分で構成されるものをつくっています。土の要素は、肉体の要素です。

カルマには質（クオリティ）がありますが、その質はこうしたエネルギーとも関連します。土のエネルギーが多い人はカルマも固くなりますが、クリエイティブなエネルギーをもっています。水のエネルギーは感情が関係します。それが濁ると怒りやすかったりします。自由性がある、表現力豊かなカルマになります。ちなみにネガティブな体験ばかりしている人は、カルマがどんよりとして、暗いものになります。

カルマのクオリティを決める体内のエネルギー

これら五つのエネルギーには、さらに性質の異なる3種類のエネルギーが混在していいます。そのひとつは純粋なエネルギー「サットバ」です。さらに活動性のエネルギーの「ラジャス」。不活性な鈍いエネルギーを「タマス」と呼びます。

この三つのエネルギーが混在しているのです。カルマが否定的か肯定的かで、三つのエネルギーのどれが優位になっているのかが変わります。また、それによってキャラクターも決まるのです。ラジャスのエネルギーが強ければ活動的な人になりますし、あまり活動していない人は鈍性のタマスのエネルギーが強く、牛のようにのんびりしているでしょう。純粋なエネルギーのサットバが強い人は、ピュアで身も心も軽くなります。

過去から学んだ行動や思考のパターンや今生の行為も、こうしたエネルギーの優劣で傾向が決まります。また、あなたが真剣に行為を変えることで、本来は難しいのですが、少しエネルギーの質が変わっていくのです。

「何をしてもうまくいく日」は、カルマが実るとき

カルマが線となってつながった結果が幸運

運命はカルマによって決められていますので、幸運と不運も自分が無意識に選んでいることになります。「タクシーがすぐにつかまる」「仕事先からいい知らせが届いた」「今日は何をやってもうまくいく」という幸運な日があるかもしれません。カルマによる自然の力の応援をもらったり、あるいは無意識のうちによいカルマが働いたりしたのでしょう。いくつかのよいカルマが実り、それが線となってつながった結果です。

あるときを境に物事がうまく動き出し、急に運が開けることがあります。これもそれまで身のまわりで起きていたことが伏線となり、環境やタイミングが整ったところで眠っていたよいカルマが目覚めたのです。

こうした幸運とは逆に、事故や災害に巻き込まれるような場合もあります。これも過去生で事故や災害に関連するような種を、知らないうちに蒔いてきたものが、巡り巡って現れているのです。どちらも強い執着が元となって「プララブダ」という、未来に必ず起きるカルマを呼び覚ましているのです。

病気もカルマに影響されます。たとえば、過去生で酷使した部位が病気になることがあります。過去生で頭を使っていた人は、頭のほうに血がいってしまいがちです。また、足をよく使っていた人は足が疲れたり、手を使っていた人は手がジンジンしたりするなど、カルマによって症状や毒が出る部位が違います。

また、心を酷使していれば頭の病気になりやすく、心の病になることもあるでしょう。内臓を酷使していれば胃腸の病になる人もいます。

そのほか、過去にケガをした部位にカルマが出て、痛みを感じたり、捻挫《ねんざ》をしたり、歪《ゆが》みとなって現れたりすることもあります。また、同様に体の弱いところにも、カルマの結果が出やすいものです。カルマのエネルギーが活性化されて異常を起こすのです。

さらに、病気になることを気にしすぎて、かえって悪いカルマのスイッチが入ってしまうこともあります。心の弱さにカルマがつけ込んでくるからです。

引き合うエネルギーの法則

同じエネルギーをもつ人同士が集まる――人を結ぶカルマ

「類は友を呼ぶ」という言葉があります。これはカルマの場合も同様で、同じような質のカルマをもつ人同士は互いに引き寄せ合います。**似たようなエネルギーは引き合う、というのがエネルギーの法則なのです。**

ですから過去生で会っている人同士も、引き寄せ合うことになります。深いところから働く未知の力によって引き合っている場合もあります。初対面でもなぜか懐かしく感じる人や、会ってすぐに心を開いて話せる人などは、過去生からの縁でつながっていることがあるのです。

そして過去生だけでなく、これから出会う人との縁にもカルマが関わってきます。ですから自分のカルマをよくすることが大切です。そうするとよいカルマの出会いとなるのです。逆にカルマの質があまり高くなければ、それ相応の質のカルマをもった人との縁ができてくるのです。

私たちはよく、「ウマが合う」とか「相性がいい、悪い」などと言います。人生ではカルマが同質の、自分と相性のいい人にばかり出会うわけではありません。相性の悪い人と関係ができるのは、こちらがその人を気にしている部分があるからです。ですから、苦手だなと感じる人がいても、これもひとつの縁、カルマなのだと割り切り、学びの機会と考えましょう。そして感謝して誠意をもって接すれば、相手もだんだんと変わってきて、悪縁が良縁になることもあります。

人を選んで生まれ、出会っている

夫婦、親子という関係になるのも、カルマの作用によるものです。

夫婦の縁は深いものです。なかにはソウルメイトと呼べるほどの深いつながりのケースもあるでしょう。二人が出会うことも、相手を好きになって恋人になることもカルマが結ぶのです。さらに、そこから結婚まで進むことは、互いに強くカルマが引き合うからです。

また、親子関係も過去生からのカルマが強く作用します。カルマの循環（輪廻転生）の中で、生まれ変わりたいという強い願いをもつカルマが、再び命をいただいてこの世に生まれてきます。過去生でやり残したこと、続けていきたいことなどがあるためです。そのとき、子どもは親を選んで生まれてきます。同じ波動をもつ両親を選ぶわけですが、もともと親と子は、深い縁でつながってもいます。

また、親子の間では、親が過去から現在にかけてどのような行いをしてきたかで、子どもにそのカルマが返ってくることがあります。親の因縁のようなものです。

親が人に親切にするなどの善行を積み、よい心がけで生きていれば、子どもにも同じようなよいカルマが伝染します。それは、親の後ろ姿を見て見習うという心のレベルから、ＤＮＡのレベルで気質や体質を受け継ぐことにまで及びます。こうした子どもは、親と同じような生き方をすることで、運がよく、まわりの助けもいただけ、幸福な人生が送れるでしょう。

そして、それは親子二代だけではなく、先祖までつながるのです。ちなみに先祖の供養にも、いろいろな方法があります。悟りを得たシッダーマスターに祈ってもらうことで、聖なる波動が先祖のカルマの執着を断ち切って、子孫は解放されます。ヒマラヤ聖者のエネルギーと聖なる波動は、それを助けます。

プジャとヤギャと呼ばれる祈りは、すべての先祖の霊を浄化し、供養となります。また、自らが修行することで浄めていくことができます。ヤギャとは、インドで行われる火の浄化の儀式（護摩《ごま》焚きの原型）のことで、シッダーマスターの祈りにより先祖供養のみでなく、祈願もいただけます。その人の願いが叶えられる祈願は、シッダーマスターのサンカルパという神の願いとなって効力を発揮します。

他人は自分を映す鏡

カルマによって結ばれた縁でも、どうしてもうまくいかないケースもあるでしょう。そのようなときは、自分と向き合うよい機会です。自分が相手を嫌ったからうまくいかないのか、相手が自分を嫌うからこちらも反発するのか。

他人は自分を映す鏡です。それはつまり、同じエネルギーを互いに引き出し合っているということです。ですから何か悪いことが起きたとき、相手のせいにしたほうが楽ですが、自らのマイナスのエネルギーが再び自分に返ってきて苦しい思いをしているのも事実なのです。すべては自分の責任であると気づくほうが賢明ではないでしょうか。自分が変わることで、相手も変わっていくのです。

これは職場の人間関係や夫婦、親子、友人・知人との関係でも同様です。相手を変えるのではなく自分自身が反省して、自分がよいものを出していけば、相手の意識も変わっていく、そのように自分も相手もコントロールできることが進化した生き方です。

また、人に親切にすると、まわりまわって人からよいことをされます。よいカルマを積むことで、功徳がよい巡り合わせを生み、よい縁を結んでくれるからです。ただし、それに執着せず、**ひとつの縁が終われば、次の縁をまた大切にします。こちらの欲望や執着でひとつの縁にしがみつくと、それが相手への依存になり、偏った関係になってしまいます。**

人間は心を与えられました。それはさまざまな体験を積み、さらに意識を進化させ、調和的な生き方をするためです。心を成長させる素晴らしい智慧をいただいているのです。

仕事や職業につながる――才能を与えるカルマ

過去にどういう生き方をしてきたか、そのカルマによって性質やキャラクターが決められていくことは紹介しました。同じように、過去生で使っていたエネルギーが発達することで、今生の仕事や職業を決めることがあります。

過去生でたくさん使っていたエネルギーであれば今生でも活性化しやすいのです。頭を使っていた人は今生でも頭脳を働かせる仕事に、体を使っていた人は体力を生かした仕事に就きやすいということになります。過去に何をして、どんなエネルギーを使っていたかで、よりカルマが影響を受けるのです。

また、カルマは才能にも少なからず影響を与えます。天才的な秀でた才能ばかりではなく、手先が器用だとか、集中力があるといった、個性とも呼べるレベルまでです。

たとえば一流のプロゴルファーやサッカー選手などは、生まれつき体が敏捷《びんしょう》であるなど、過去の職業であったり、過去によく使っていた体の部位が発達していたり、過去生のカルマの影響があると思います。

大事なのはそれだけではなく、生まれる両親や育つ環境も才能を伸ばすように整えられることが必要です。小さいときからまわりにゴルフをする親や大人がいて、それを見ながら「自分もやってみたい」という気持ちが起き、それをまわりが応援する。こうしたこともカルマといえるでしょう。

潜在意識の恩恵が卓越した才能を導くこともある

スポーツに限らず美術や音楽の才能も、過去生からのカルマに影響されているでしょう。画家になるような人は、もともと絵を描くことへの集中力や凝り方が並外れていて、絵を描くことが楽しくて仕方がありません。

こうした生まれながらのはじけた才能には、潜在意識での特別な力が働くようなケースもあります。ある特定のエネルギーが活性化されていて、その部分の才能だけが働くのです。

起きることすべてに原因がある

種は、結果という果実になって現れる

あなたが今、心を変えることで、運命を変えることができます。つまり、それはカルマを変えるということです。心、つまりカルマには、同じ性質のものを引き寄せるという法則があります。それがヒントです。ここに書き出すことは、今からすぐにできることです。

カルマには同じ種類のものを引き寄せる法則があります。それはよいものを差し出すと、同じクオリティの事象が現れてくるということです。最初のステップとして、あなたは今から将来にかけてよいカルマを積んでいくのです。そのことで運命は変わり始めます。人に親切にします。人に感謝します。よいカルマを積んだあなたはよいことに出会い、よいチャンスに恵まれるのです。

私たちのすべての行為は、カルマです。カルマの種を蒔いて原因をつくっています。その種は、必ず結果という果実を結びます。つまり、あなたの行為が原因となって、いつかはその結果が現象になって返ってきます。

悪い行為をすることは、悪いカルマの種を蒔いたことになります。その種から、マイナスの結果である事象が実を結んで現れます。よい行いは、よいカルマの結果となってよい果実を結びます。自分が発したものは、同じ質の結果となって必ず返ってきます。これを「カルマの法則」、または「因果の法則」といいます。原因があるから結果がある。つまり、起きることすべてに必ず理由がある、ということです。

行為の結果は、すぐに出るものもありますし、すぐに出ないものもあります。何生も後に返ってくることもあります。過去にどのようなカルマを積んだかはわからないものの、突然、運が開けたり、潜在能力が目覚めたりすることがあります。その反対に、災害に巻き込まれたり、できると思っていたことができなくなったりもします。

そして、あなたのカルマの種は、現在もつねに蒔き続けられています。やがてそれは、未来に結果となって現れるのです。だからこそ、未来をよくするには、今よい行いをすることが大切なのです。

誰もが「いいカルマ」をもっている

ここまでカルマについていろいろとお話ししましたが、あなたはどんな印象をもたれたでしょうか。

何やら得体の知れないものへの恐怖ですか？　それとも運命は変えられないというあきらめでしょうか？

ヒマラヤ聖者はカルマを一掃して、究極のサマディを成就して神と一体になり、真理を悟ったのです。あなたのカルマを変える力を得ました。その方法を知っています。私のところで多くの人がカルマを変えて、最高の幸せを得ています。能力が高まり、若返り、希望に満ちています。カルマは希望を与える素晴らしいものです。

通常は過去生から蓄積された多くのカルマに埋もれ、どうしていいかわからず、手も足も出ない状況かもしれません。自分の心も人の心も見えない、つねに悪いニュースが流れている、経済も不安、戦争も起きている。未来のことが不安で、目を閉じて暗闇を生きているようなものかもしれません。

私の差し上げる光をもつことで、正しくカルマを扱うことができます。そのことでどんなことも解決して、楽になっていくでしょう。

あなたが今できることは、まずよいカルマを積むことです。よい原因をつくります。みんなに親切にして、感謝をして善行をします。

自分の才能を伸ばすのに必死な人もいるかもしれませんが、内側を整理整頓して悟っていく修行をプラスするのが素晴らしいのです。正しいカルマを生きることで、あなたは平和に幸せになれるのです。あなたは過去生から現生に至るまで、たくさんのいいこともしてきたはずです。それは意識するしないにかかわらずです。

いい種を蒔けば、必ずいい果実が実ります。りんごの木に桃はなりません。必ずりんごの実をつけます。カルマは裏切ることがないのです。そして、あなたが自然にいいカルマを積むには内側を描き替えるのです。それはヒマラヤ秘教の修行法、瞑想を行うことで生まれ変わることができるのです。

自分のカルマに責任をもつ

私は幼少期に父を亡くしたので、父親の愛情を知らずに育ちました。両親の揃った環境で育てられた人と比べると、やはり「自分にはどこか欠けた部分があるな」と感じていたこともあります。しかし、それを気に病んだり、すねたりしたことはありません。子どもは父親と母親の間で両方に愛されたいとそれぞれの顔色をうかがうようですが、一人の親で何の比較もないシンプルな対応であり、何のわだかまりもなく、素直に育った気がします。これも私のもって生まれた純粋なカルマのおかげだと今は感謝しています。

少々厳しい言い方かもしれませんが、目の前の現実は受け止めるしかないのです。あるがままのカルマを受け入れるしかありません。

私の経験から言えることは、「いいことをすれば、いい結果が現れることを信じて、正しい行為を続けること」です。自分の築いてきたカルマに責任をもつということです。逃げも隠れもせず、正々堂々と運命と向き合い、よりよい生き方を模索していけば、必ず新しい運命の目覚めるときがきます。

たとえ、過去生のカルマによってよくないことが起きても、これも自分の責任、未熟ゆえの結果、カルマを学びとして受け止めるといいのです。それを克服すると大きな自信になるはず、そんな気持ちでのぞめば、カルマに怯えることも、あわてふためくこともありません。

ましてや自暴自棄になったり、他人や社会のせい、運命のせいにしたりするなどもってのほかです。

心の師と呼べる人との交流で自分を高める

運命は自分で切り開くものですが、道は平坦ではありません。時には、信頼できる人の助言が必要になるかもしれません。

事業の発展や社会貢献に打ち込む人と交われば、おのずと刺激を受けて、同じようなクオリティのところへ引っ張られます。自分にはないものをもつ人、質の高い人とつき合うことで、自分が変わり、運命も変わるきっかけになるでしょう。

昨今メンターという言葉がありますが、仕事にとどまらず、自己啓発や人間形成のヒントやアドバイスをもらえるような人に出会えれば幸運です。

グルというのは、インドでは精神的指導者、悟りに導く人を指します。ヒマラヤ聖者はグルとなります。また、インドの出家した修行者で、悟りに近くなった人も精神指導者になっています。

スポーツをするときコーチがいるように、アメリカなどでは、最近は経営者も事業に関するいろいろな指導を受けるようです。

ヒマラヤ秘教では、ヒマラヤ聖者・シッダーマスターがグルとなり、人々に単に知識を与えるのではなく、その存在そのものからのエネルギーで変容をもたらします。源からのエネルギーを伝授し、瞑想の秘法を授けます。そしてその人の魂、カルマを浄化し、根本から変容させていくのです。そのことで気づきが深まり、叡智をいただき、運命が変わります。人間性が高まり、健康になり、最高の人間になっていくことができるのです。

不運は、プラスに転じるチャンス

カルマを味方につける

ここで「カルマから学ぶ」という智慧をご紹介します。それは「カルマは気づきをくれる」ということです。

不幸や不運といった負のカルマを悲観せず、それを謙虚に受け止め、何を教えてくれているのか、気づくきっかけにするのです。

カルマは我が身の映し鏡です。

「どうしてこんなことになったのか?」「これからどうすればいいのか?」、前向きに反省や改善をはかることが、悪いカルマを払拭して将来の糧とする術です。プラスに転じるチャンスとして積極的に生かしていくのです。

悪いことが立て続けに起きるようなときは、「感謝が足りないのか?」「否定的な思いが強いのか?」「どうしてこうなったのか?」、自分の行いを見直して、反省とともに対策を立てることで心のバランスを失わないようにします。

「自分には愛があったか?」「バランスはとれているのか?」我が身を振り返りましょう。俯瞰するように、少し引いたところから自分を見てみます。そこで気づいたことを何かに書き出すこともいいでしょう。

カルマと真摯に向き合うことで、気づきの扉が開かれます。ヒマラヤ秘教はカルマを浄化して気づきをもたらし、相手を許したり、感謝できる人になるのです。

不運や不幸なときは「気づき」のチャンス

ひとつ仮定のお話をします。

もし、あなたが急な病気で入院したらどんなことが脳裏をよぎるでしょう。「どんな病気なのか」「いつまで入院しなければならないのか」、おそれたり、情けなくなったりするだけではなく、仕事を失うかもという不安で押しつぶされそうになるかもしれません。

「どうして自分が……」「よりによってこんなときに……」「ついていない」と嘆きたくな

るでしょう。心はつねに連続して悪いことを想像し、そこから外れないのです。しかし、病気になったのは体の調和が乱れたり、心のどこかで否定的であったからかもしれません。心身のバランスを欠いてそれが極限に達し、心と体がSOSを発したのです。

そのシグナルは、「少し体を休ませなさい」「精神もだいぶまいっていますよ」というメッセージです。

トラブルや悪いことが起きても「浄化されてありがとうございます」と、感謝するといいのです。改善のきっかけの気づきです。また、プラス思考ができる人になるように、ヒマラヤ秘教の高次元の波動をいただくといいのです。そのエネルギーはいつもあなたとともにあり、そこにつながることで、カルマを断ち切ることができるのです。

ネガティブな思いはカルマを暗くする

人は何か嫌なことが起きて、不快な思いや恐怖を感じると、カルマには暗い記憶だけ残ります。ネガティブな感情が、影のように焼きつけられるのです。

ところが、たとえ思わしくないできごとでも、それを反省して自業自得としてとらえ、次は気をつけようという気持ちで、気づきをもって対応すると、カルマは悪くならず暗い色に染まりません。むしろ前向きな明るいカルマになります。このように気づきと心がけでカルマが変えられるのです。それはカルマを自分の味方にしてしまうことでもあります。

多くの人は、無意識で行動しています。人のことがわかっても、自分のことはなかなかわかりません。また、心は強く執着に翻弄されていて、癖になった行為を変えられないのです。自分が否定的になっていてもにわかにはわからないのです。

瞑想を始めることで、心の動きが見えてきます。気づくことができます。気づきをもって過ちやこだわりを手放していきましょう。カルマと上手につき合うことができていけば、これまでとは違う新しい運命、新しい人生が動き出すでしょう。

中庸を求めると心がラクになる

よく「私は不運体質だから……」などと、不幸せな日常を嘆く人がいます。心は同じ波動のものを引き寄せますから、不運が続くのは同じクオリティのものがその人の中にあるからなのでしょう。自分の外に原因があるように思えても、それを引き寄せるものがある、つまりは自ら不運を引き寄せているわけです。

私たちは普段から、自分に起きることをプラスかマイナスか、幸か不幸かといった物差しではかりがちです。ところが、幸運か不運かの線引きには個人差があります。ある人にとっては不運と感じることが、別の人には特段気にならないこともあるでしょう。つまり、ラッキーもアンラッキーも、心もちひとつでどちらにも転ぶような曖昧《あいまい》なものということです。

ですから「ツキがある、ない」とか「運がいい、悪い」という価値基準で物事をはかるのではなく、すべてを学びと受け取ります。そして「よくも悪くもない真ん中でいい」、つまり「中庸をよし」とする考え方がバランスのとれた、スマートな心のもちようなのではないでしょうか。

中庸とは「偏りがなく中正なこと」で、「中道」といってもいいでしょう。つねに幸運や幸福ばかり求めると、それはそれで執着になってしまいます。一喜一憂を繰り返していては心も疲れ切ってしまうでしょう。

人は悪いことばかりがあると萎縮するものです。「また何か起きるのではないか」、ビクビクしながら身構えてしまいます。しかし、そんなときこそ自然体でいるのがいいのです。無心で無欲になって、あるがままを受け入れましょう。

あまり否定的に考えないことです。心配したり、おそれたりすることが心の癖になっている人が目立ちます。中庸を求めて、何事にも感謝を表して、肯定的にいきましょう。

カルマを味方にする考え方をもうひとつ紹介します。

それは少しくらい悪いことがあっても「これくらいで済んでありがたい」「大難が小難でよかった」と思うことです。

落胆を感謝の念に置き換えることができれば、自然と軌道修正がはかられていくでしょう。過剰に気にしたり、いつまでも悔やんだりすると、負の連鎖で悪いことを引き寄せることになります。

ネガティブな思いは早々に切り捨て、気にしすぎないことが何より大切です。逆境を逆手にとって「災い転じて福となす」といったプラス思考が、この先あなたを助けてくれるポジティブなカルマを生みます。

占いよりも自分を信じる

もうひとつ、自分を信じることも重要です。自分に自信がもてるということは、正しく強いカルマを形成することになるからです。

何をしてもうまくいかず、自分の行動や判断に迷いが生じると、占いや運命判断といったものにすがってしまう人がいます。その気持ちもわかるのですが、それでは根本的な解決にならず、人としての成長も望めません。迷うたびに人の意見にふりまわされていると、やがて自分をなくしてしまいます。

自分で選択してつくり上げるのが人生です。自分自身で最善の道を選び、行為をよいものにしていかなければならないのです。よいカルマを積み続けるのです。誰のせいにもできません。自分の源は、宇宙の中心に通じます。自分と自分のカルマを信じて進みます。

見えない力におまかせする

運の悪い人は自ら悪い選択をしている!?

自信についてもう少しお話しします。

すべてではありませんが、得てして自分に自信のもてない人は、つねに不安や心配が頭から離れないため、エゴ的な判断や行動をとることが多いような気がします。余計な損得勘定や自己防衛が心の目を曇らせ、かえってそれが不運を招く選択をさせているのではないでしょうか。ひいてはそれが習性となってしまい、悪循環をグルグル続けることになります。

自分を信じて、結果を気にせず無心でやっていけば、内面にいいエネルギーがみなぎり、自然といい選択ができます。揺るぎないはからいのない心の芯のようなものができてくるのです。

そしてさらに運をよくするには、ヒマラヤの恩恵にあずかり、自分から愛や平和を出す人になることです。源の存在につながって意識が覚醒すれば、いいエネルギーが無意識にいいものを選ぶようになります。祈るだけでもいいエネルギーが体内に流れるようになり、その波動を出すことで、まわりからいいものが返ってくるようになるでしょう。

やるだけやって神におまかせ

努力に見合う成果がないと「これだけやったのに……」「どうしてダメなのか……」、と落ち込んだり、まわりの人や社会のせいにしたりする人がいます。

ところが神への信仰をもつことが当たり前のインドでは、すべてが「神のおかげ」であり、何もかもを「神におまかせ」しているので、結果がどうであろうと意に介しません。

もちろん、インドの人もひととおりの努力はするのです。やるべきことはやって「あとは見えない力におまかせする」、そんなスタンスがカルチャーとなって根づいています。

ですから、貧しい人でもあまり悲壮感がありません。どこか心が軽やかで、それぞれが楽に生きているように見受けられます。

また、インドの一般の人々は生活水準も同じようなもので格差がありません。神につながっているのでエゴにはつながらず、もともと分相応のような考え方ももっているようです。多くの人が自分とまわりを比較したり、妬《ねた》みをもつようなことはないようです。誰もが信仰をもって守られているからでしょうか、貧富の差があっても幸せな感じがします。

私は2023年に国連で開かれたヨガ関連のイベントに参加し、インドのモディ首相にお会いして、ヒマラヤ聖者として祝福を与える機会がありました。

モディ首相も10億人もの人々をまとめていくのは大変だと思いますが、「国のためにベストを尽くしあとは神様におまかせしよう」という信仰心で、思い切った政治手腕を発揮できるのではないでしょうか。

私たちも見えない源の存在と自分を信じて、「人事を尽くして天命を待つ」といった心がけで事に当たりたいものです。そうすれば結果がどうであれ、記憶されるカルマは、充実した果実となるはずです。

カルマは巡る

頑張るだけではどうにもならないこともある

自分は一生懸命努力しているのになかなかうまくいかない。こんなとき「自分は運が悪いから」と嘆く人もいます。努力が実を結ばない、といったタイプの人です。しかし、ただ頑張っているだけでは駄目な場合が多いのです。

自分にはよいことでも、相手にとっては悪いこともあるでしょう。よかれと思った親切が、かえって相手の負担になるようなケースもあります。心のレベルで頑張っても、近視眼的に自分の価値観で判断しているので、相手のことがわからないことが多いのです。無意識のうちに、自分の行為が自己防衛になることもあります。

相手に好かれようと気をつかいすぎれば、相手は居心地が悪くなるかもしれません。人によく思われたいといった思いで一生懸命になっても、それはこだわりの心なので相手はそれを快く思わず、ちぐはぐな人間関係になってしまいます。

また、まったく身に覚えはなくても、ちょっとしたはずみや成り行きで人を傷つけることもあります。

身に覚えのないこうしたカルマは怖いものです。たとえば、合格者枠が決められた試験に自分が受かったことで、他の誰かが落ちたとします。その人とたまたま縁があり、その後のやりとりで、あなたに傲《おご》りがあれば相手は複雑な気持ちになり、そのことが巡り巡って、カルマとして現れることがあります。

自分にそのようなつもりがなくても、相手を貶《おとし》めることもあります。相手のことを思っていても、その思いとは裏腹に、相手に不快な思いをさせていることもあります。そのような、知らないうちに犯している罪深い行為もあるのです。

世の中は誤解や無知の連続で、傷つけ合っているといった面もあります。それらの喧騒をよく見ると、「カルマのなせる業」であることが多いものです。ヒマラヤ秘教の実践でカルマを浄化して純粋な心で対応し、智慧と愛をプラスした進化した人格への成長が必要なのです。

よいことをする意味

すべての現象は、原因があるから結果があります。これは前にも紹介した「カルマの法則」です。

運が悪いという結果が出たときは、運が悪いだけの原因があります。運が悪くなるのは、何かの報いなのかもしれません。

まったく身に覚えがないとすれば、過去生のカルマや親、先祖のカルマの影響と考えて納得する場合もあります。そのほうが受け入れやすいからかもしれません。しかし、多くの場合はやはりその人自身が、悪いカルマを積んでいるのです。どこかで悪いカルマの種が蒔かれているのです。

運が悪いことを、自分以外の何かのせいにしないほうが賢明です。意地悪など嫌な目に遭うようなとき、その人の何らかのエゴに触れて怒りを誘発したのかもしれませんが、自分では気づけないのです。ですから「過去生でこの人と何かあったかもしれない」と受け取ればいいのです。そして、なるべくよい行いをしていき、さまざまなものを分かち合っていきましょう。

あなたが自分は運が悪いと思うなら、どこかで「自分が、自分が」と欲をかいていないか、善行をしているか、他人に親切にしているか、捧げることをしているか思い返してください。自分を無にして差し出していくような善行をします。エゴのない心で他の人を真の幸せにするのがいいのです。そうすれば、必ずいい運に変わっていきます。

「もっと親切にしてほしい」「あの人は何もしてくれない」と相手ばかり責めて、自分は何も捧げないのではバランスが悪いのです。こちらが無償でいいものを出せば、いいものが返ってきて運がよくなります。それはすぐに返ってこなくても、巡り巡って誰かから返ってきます。それもカルマなのです。

あなたの人生を好転させ、運の悪い自分を変えたい、幸運になりたいのであれば、カルマを浄化する必要があります。そのためにはカルマを浄める高次元のエネルギーの伝授を受けるとよいでしょう。神とつながり、本当の自分に還《かえ》ることでカルマから自由になり、幸運になるのです。

運命を変えるたったひとつの方法

過去から蓄積されたカルマを浄化して運命を変え、幸運になるには、ヒマラヤ秘教の教えを実践するとよいのです。ヒマラヤの聖者が今から5千年以上も前に、カルマを浄化して心を超え、死を超えて、究極のサマディ（神我一如《しんがいちにょ》）を成就し、真理を悟り宇宙の真理を解明したのです。それはカルマから完全に自由になった、涅槃《ねはん》を得たということです。「最高の喜びの人」になり、無限の生命力と無限の愛と智慧を手にしました。自らを実験台にして、悟りの修行の実践を行っていたわけです。

本当の自分を悟ったヒマラヤ聖者は、苦しみの生まれる原因がわかり、それを取り除き、運命を改善する方法を発見したのです。そのことですべてが解明されたのです。その叡智がインドの哲学となり、また秘法として今に伝えられています。

創造の源を信じ、運命が改善される道を発見したのです。すべてを創造する源の力、それを神と呼びます。神の力を得て人間の中に潜む才能を目覚めさせる秘密のカギを発見したのです。それは意識を進化させ、執着を取り除く方法や生き方でもあります。

その神の力を得るために、サレンダーをして余計な行為を落として、深く瞑想に入ります。体と心には、はかりしれないカルマが刻みこまれています。よいカルマも悪いカルマも混在しています。

誰でも心に膨大なカルマがあります。通常、積んでしまったカルマを浄めることはできません。わずかながら外側の行為を正すことができますが、すべての行為も思いも内側からやってくるので、内側を変えなければ変わることはないのです。何も知らない人がカルマを浄化しようとしても、どこから手をつけていいか途方に暮れてしまうでしょう。

たとえば怒りのカルマを取り除いても、また次の怒りが出てくるでしょう。それらはまるでモグラ叩きのようです。それは闇を手探りで歩むようなものであり、無事に目的地に着くためには、それをよく知る水先案内人（ガイド）が必要です。

ヒマラヤの恩恵は、暗闇を照らす光をもちます。ヒマラヤ聖者であるシッダーマスターを橋として神を信頼することで、神の祝福をいただくことができるのです。パワーをいただくことができ、心とカルマが浄められていくのです。あなたの願いも叶えられます。さらに、ヒマラヤ秘教は密教であり、積極的に秘法の修行をして変容して生まれ変わることができるのです。

カルマに翻弄されない、自由な人になる

未来のカルマも変える

具体的なことは巻末の「特別編」で紹介しますが、人に捧げる、親切にする、そうした生き方をベースにして、さらにヒマラヤの教えでカルマを浄めて真理を知れば、智慧と純粋な愛が内側に満ち、すべての物事がうまくいくようになります。

カルマを浄めるとは、ヒマラヤの秘法で過去からの膨大なカルマをすべて溶かしてしまうことです。段階を踏みながらカルマをすっかり掃除して、リセットされた新しい自分になります。そのひとつにはディクシャというエネルギー伝授でマスターからカルマを浄めていただきます。瞑想の秘法の聖なる波動をいただき、変容が起きて、神とつながることができます。その波動に守られながら生きることができ、よい波動の人にすっかり生まれ

変わることができるのです。

　聖なる波動を出すと、同じクオリティ（質）のよい波動を引き寄せる人になっていきます。神を信じることで神に守られ、悪い波動の人や物を近づけず、災いにつながらないようになるでしょう。

　ヒマラヤの恩恵は過去生や今生だけではなく、未来のカルマも変えられます。神につながって瞑想を行い、過去生からのカルマをどんどん浄めることができます。鈍性のタマスや活動的なラジャスのエネルギーよりも、浄化して純粋なサットバのエネルギーを充実させていきます。すると意識が軽やかになり、理解が深まります。

　そして、まとわりついた多くのカルマが外れて、神から送られてきた純粋な自分に還ることで、カルマに翻弄されない自由な人に変容していきます。過去からのしがらみがなくなれば、今生においてのさまざまな苦しみ、悩みが未来へつながることもありません。高い意識をもった自由な人になり、愛をもった平和な人となります。

　カルマが浄められた人は自分の欲望を満足させるのではなく、多くの人に無償の愛をシェアする人になります。女性は子どもが生まれると、一時期、無償の愛、慈愛の人になっていきます。そうした愛がいつもある人、さらに宇宙的な愛の人になっていきます。

進化する生き方に気づいたブッダ

自分を進化させる生き方を選ぶことで、人生はまったく違うものになります。そのことを自ら体現したのが仏教の創始者、ブッダです。

ブッダは釈迦族という王族の王子として生まれました。物質的にも恵まれ、最高の教育を施され、家族をもち子どももいて、幸せと思われました。しかし、あらゆることに恵まれているのに何かが満たされなかったのです。ブッダは人より繊細であるがゆえに、いくらさまざまなことに興じても内側が満たされないわけです。

そして、平穏の城内から出て、四方向にあるそれぞれの城の門のところで病む人を見たり、死ぬ人を見たり、さらに老人を見て、生きることはこのように苦しみしかないのかと思い煩ったのです。そして、さらに最後の城の門のところで、静かにたたずむ聖者を見ました。ブッダは、その聖者は何ももっていないのに平和な顔をしていて、何かが違うことを察知し、そこに希望を見いだしました。

人は、何のために生まれてきたのか。苦しむためなのか。病気になり醜くなって死んでいくためなのか。聖者のあの何かが違う風貌は何なのか。あの聖者は静寂の中に何を気づいているのか。私もあのようになりたい、それを体験したい。ブッダはそのようにお考えになり、家を後にして悟りをめざす修行の道に入られたのです。

ブッダの生まれた時代は、紀元前5百年頃ですが、ヒマラヤには今から5千年以上昔に、真理を探究するために究極のサマディに入り悟られたシッダーマスターがすでに現れていたのです。

その教えは、口伝でマスターから弟子に伝えられ、連綿と受け継がれていきました。それは内側を浄め、人を変容させる教えです。永遠の命を手にする教えです。そうして、新しい人生を生きていくことができるものです。

サマディの智慧は最高の智慧です。そして、本来は何生も何生もかかる進化のプロセスを、速やかに変容させてしまうのがヒマラヤ秘教なのです。

ヒマラヤ秘教のことば❶

● カルマ

日本語では業といわれ、体や言葉、思いによる人間の行為のこと。すべての行為とその結果。

● カルマの状況

【サンスカーラ】…今生と過去生の記憶。眠っているカルマの種の状況。どこの国に生まれるか、どの両親の間に生まれるかもなどにも関わっている。
【ボガ】…現在の行い、今起こっているカルマ。
【プララブダ】…未来に起きることがすでに仕組まれている、運命的に決まっているカルマ。

● サマディ

光明、悟りなどともいわれる。究極のサマディは、すべてのカルマを浄めて心を超え、呼吸などのあらゆる生命活動を止めて死を超えて、創造の源の純粋な存在になること。

● チャクラ

サンスクリット語で「車輪」を意味する。尾骶骨《びていこつ》から頭頂に至る背骨に沿って、七つあるエネルギーのセンター。

● シッダーマスター

サマディで悟りを開いた、ヒマラヤ大聖者のこと。シッダーグル、ヒマラヤ大聖者、ヒマラヤンマスター、サマディマスター、サマディヨギと、いろいろな呼び方がある。

第2章

源の存在につながり
カルマを浄化する

カルマを溶かす手助けをしてくれるガイド

源＝魂とあなたをつなぐ存在

第1章で少し触れましたが、確実に運命を変えていく方法はヒマラヤの教えを通して、あなたに生命の力を与える存在につながることです。あなたを生かしている存在につながるのです。それは、すべてを創り出す「創造の源」です。それを信じ、そこにサレンダー、つまりおまかせします。そこから多大な生きる力をいただけるのです。

自分の体験からの小さな観念を手放して、宇宙の真理に従います。人はこんな簡単なことをエゴゆえに、傲りゆえに行わなくなり、頑張ってばかりいます。しかし、私たちは自分の力のみでは生きることができないのです。

呼吸することも話すことも理解することも、この創造の源、つまり神と呼ばれる存在の力があってできています。

ところが、残念なことに神につながろうにも、そこに立ちはだかるカルマによって阻まれています。カルマという膨大な行為の記憶は、神である本当の自分、つまり魂を覆っているからです。宗教では、長い年月をかけて信仰心を養っていきます。

ヒマラヤ秘教ではマスターを介して、見えない偉大なる存在に速やかにつながり、存在からの祝福で内側が変わるのです。マスターを信じて、魂の浄化のためのよい行為をしていきます。カルマの浄化の修行をしていくという思いが大切です。その決意の誓願の力がよい結果を招いていきます。まさに「よい行為がよい結果を引き出す」というカルマの法則にかなったものです。

ヒマラヤの恩恵は、確実に人を変える力があります。幸せにする力があり、苦しみから解放させる力があるからです。才能を開花できる、最高の人間をつくる教えであるからです。人々を悟りに導く真理の教えであり、救いとなる教えだからです。

そして、本書で少しでも真理を理解できるように、真理のレベルからの言葉を掲げ、随所にあなたの心がけで変わっていくことのできる教えや愛をちりばめました。真理からの智慧を伝え、心の疑問やとらわれが理解で浄化されるようにしました。

ただし、秘教の部分は直接でないと伝授ができません。その人のエネルギーを見なければならないからです。そのため、ここでは公開できませんが、儀式や秘法の伝授がどのように行われるのか、少し紹介をします。

心の曇りをとる手助けをするディクシャ

マスターが、あなたを神につなげる儀式を、ディクシャといいます。それがヒマラヤ秘教の伝統です。マスターから智慧の言葉と祝福を受け取り、よい波動を受けることで不安やカルマの汚れが取り除かれ、心の曇りがとれると伝えられています。

ディクシャは、高次元のエネルギー伝授とその儀式です。シッダーマスターからのエネルギーは、その存在の波動から、足と手のタッチ（シャクティパット）から、**言葉の波動や息や目の光から注がれます。**あるいは**マスターの修法した水やタッチしたものや数珠から伝わり、あなたの心の扉を開かせて内側深くに入り、カルマを浄化する力があります。**

そのエネルギーは高質のレーザーのようであり、過去生から連綿と蓄積されたカルマを浄め、変容させます。生まれ変わるのです。マスターは、ディクシャによる直接のタッチで、高次元のエネルギーを注入し、自身の命を犠牲にして相手のカルマを引き受けて浄化してくれるのです。
これはその人の過去生から今までのカルマの浄化であり、さらにカルマを浄めるために、執着をとるための捧げる行為が伴われたとき、さらに浄められる恩恵をいただけるのです。これをシッダーディクシャといいます。インドでも世界でも類を見ない、ヒマラヤ聖者からの特別な尊いものです。

こうして、深い意識のレベルに入り変容させます。さらに、浄めたところに聖なる音の波動の秘法であるマントラが伝授され、深く浄められ生まれ変わります。この聖なる音の波動の伝授は、サマディ瞑想秘法といいます。

エネルギーの伝授を通してマスターとの深い絆が生まれ、マスターにつながり、神につながって守られていく状態になります。あなたの人生がさらに可能性に満ちて、運命が開かれ、思いのままに生きていくことができるでしょう。

ヒマラヤの教えで最も大切なことは、あなたと神をつなげる手助けをしてくれるということです。

私たちは体と心と魂でできています。そして、**魂は人間の源の存在であり、すべてを生**

かしめている創造の源でもあり、あなた個人の神でもあります。それは本当の自分であり、サンスクリット語でアートマンといいます。

もともと私たちは、神から送られてこの世に生まれてきました。深いサマディに達することで、源の魂になり、本当の自分つまり真理を悟ることができます。魂のまわりには心がありますが、その心が蓄積されたカルマで曇ってしまうと、自分の源の魂が見えなくなり、そこからのパワーが弱くなります。無限の智慧やそこから引き出される才能も曇ってしまいます。心の曇りはエゴの働きとなって混乱させ、生命力を食べ尽くしています。

人は生まれながらに神と離れてしまいました。なぜなら、生きるために神を思わず、心を使い感覚の喜びを求め発達させているからです。生きる中で過去生からずっとカルマを積んで魂を曇らせ、いわば迷子になってしまったのです。

そこから、苦しみが始まったのです。誰も自分の本当の姿を知りません。自分はいったい誰であるのか、わからないのです。

ヒマラヤ秘教の教えは、あなたの意識を目覚めさせ、神の力を引き出せるように導きます。人生がより楽に生きられるように、です。やがて自分は誰であるのかを知り、本当の自分に出会っていきます。

源の存在につながって幸運体質になる

ディクシャの高次元のエネルギー伝授で、カルマが浄化され、溶かされて心の曇りが浄化されると、変容が起き、魂がそこに現れます。あなたは魂と神とつながることができます。まず神（神についての話は第3章で詳しく紹介します）とつながることが、ディクシャによって可能になります。さらに、信じる力を育むことで、次第にその強大なパワーがあなたに注がれ、生命エネルギーが引き出されます。潜在能力が覚醒し、さまざまな才能が開花していきます。

あなたは聖なる波動によって悪いものから守られ、人生に幸運が呼び込まれます。「幸運体質になる」といってもよいでしょう。さらに繰り返しマスターからのディクシャの祝福を受け、修行をしていくことで、神と一体となり、神そのものになり悟っていくことができます。それが、サマディです。

祝福を受け取るためには、その人の信仰心、信頼がたしかなものになる必要があります。信頼で、マスターから高次元のエネルギーの祝福が起きます。その祝福のシャワーを、アヌグラハといいます。神の恩寵《おんちょう》です。

見えないものを信じて初めて、源の存在にスイッチが入る

人は自分に見えるものしか信じないことが多いのです。しかし、見えないところに働く力もあります。この世界を創り出し、そこに力を与えている存在です。たとえ見ることも、触れることもできなくても、神があることを信じることです。信じることで初めて神とつながるスイッチがオンになります。

ヒマラヤの教えは「あなたの中に神があり、その力とともに生きられる」「暗闇に目を閉じて生きるのではなく、神につながって光で行く先を照らすように生きましょう」という教えです。

それを引き出すのは、あなたの信頼と愛です。自分を愛することは、神を愛することです。疑いではなくて、信じることからすべてが始まります。それによって運命を変えられる機会が与えられます。神を思えばいいといっても、いろいろな神がいるうえに、その神にどうつながっていいのかわからないでしょう。

神の波動にチャンネルを合わせていくために、あなたは愛そのものになります。信じる心を強め、神を愛し信頼します。そのためには、自分の中の意識を高め、否定的な心を一

掃して神とつながりやすくなりましょう。

ヒマラヤ秘教の神に出会う道、真理への道は、秘密の教えです。秘法の伝授は、昔は王様や僧侶のみが修行をし、拝受することができました。いろいろな人の手にわたることにより、エゴの欲望によって悪用されると困るからです。

この教えは神にサレンダー（帰依）し、信じられる人にだけ与えなければなりません。ふつう自分では感じないのですが、浄化をしていないカルマは、潜在意識の中ではまるでマグマがとぐろを巻いたかのようになっています。しかし、ヒマラヤ秘教の教えには、そうしたカルマであっても、見事に浄化してしまう力があります。ごくふつうの人が聖なる人になれるチャンスを与えてくれる教えなのです。

神からの高次元のエネルギーは、太陽のように誰をも平等にあまねく照らすものです。心が素直で曇りがなければ、誰もが神の恩恵を受け取ることができます。

音の波動で思考を溶かす

カルマが浄化し尽くされると、不動の人になる

これまで、「カルマを浄める」という表現を何度も使ってきました。それでは具体的にどのようなことをすればカルマは浄まるのでしょうか。

純粋で清らかな魂のまわりには心があります。その心が雑多なカルマですっかり曇っているので、高次元のエネルギーの祝福で、変容させるのです。きれいに心の曇りをとることでカルマも浄まっていきます。

カルマを浄めるには、まず創造の源、神を信じることが大切です。神からパワーをいただくことで浄化できます。カルマを浄めるためにいろいろな方法があることを、ヒマラヤ聖者はサマディに達し、真理を知ることで発見しました。

物質を分解していくと、分子や原子、素粒子になり、さらには波動（エネルギー）になることが、現代科学で解明されています。その波動よりさらに細やかな存在と同じような、**プラーナと呼ばれる生命エネルギーや神のエネルギーが源から引き出され、根源からカルマを変容させていくことができます。**

まったく次元の違うものですが、超音波レーザーやラジオ波を、がんなどの病理細胞に治療のために照射するような手法をイメージしてもいいかもしれません。しかし、アヌグラハやヒマラヤの恩恵の高次元の波動は、何の副作用もなく、自然な形で深いところからいらないものを溶かし再生させるのです。

カルマを浄化する過程で意識が覚醒してくると、浮かんでは消える思いが見えるようになります。それを一つひとつつかまえ、考えたり分析したりすると、苦しくなります。ですから、ただ無心になっていき、カルマの消える姿を見つめます。やがてカルマが浄化し尽くされていくと、本当の揺れない不動の人になることができます。

自分で修行をするときに気をつけていかなければならないことは、心で分析したり、思考をグルグル巡らせたり、そのエネルギーに巻き込まれないようにすることです。自分のカルマのレベルにつながっているので、心を切り離そうと思っても、また心の働きに翻弄されてしまうからです。

音と光の波動からエネルギーが生まれる

ヒマラヤ聖者のディクシャは、特別であり、他に類を見ません。また、サマディに達した存在からの波動は、その存在から祝福となって放たれ、他に幸運を与えます。

それはマスターの力により、自己の源につなげていただくことであり、宇宙の源につなげていただくことです。こうして神を信じていくことで、神へのパイプが太くなり、そこからのパワーをいただけるようになります。

マントラという純粋な波動をもつ音の種子によって、源の存在に達していきます。カルマが浄められ、心が浄化されます。そして瞑想ができるようになります。**宇宙の創造の源からは、精妙な光の波動と音の波動のエネルギーが生まれます。源から生まれたその精妙な音はさらに集まって言葉になります。**

聖なる音のマントラは、言葉ができる前の波動なので、いらない思考を溶かしていくことができるのです。マントラは、アストラル（心の家）のエネルギーやコザール（魂の家）のエネルギーにまで影響を及ぼします。出所が正しい聖なる波動のマントラは、祝福となり変容を起こします。そして、それを伝える人のエネルギーの波動は、高くなければなりません。悟りのマスターから、もしくは同じ波動を受け継ぎサマディに達した者から伝授されることにより、初めて祝福となります。

この「聖なる音の瞑想秘法」は、カルマを浄化する力が大きいのです。過去生と今生のカルマを浄め、災いが起きないように、災いに見舞われないようになります。

ただ、過去にどんなカルマを積んだかを自分では気づかないわけですから、これから先も何が起きるかわかりません。すでにカルマの実現の矢は放たれていて、未来のいつかどこかで、悪いカルマの現象が起きるかもしれません。人間関係がうまくいかない、事業がうまくいかない、家族に不幸がある、自分自身が何か失敗するなど、何があるかわかりません。どんなカルマの実が結ばれるかわからないのです。また、心理学や心理療法などで解決するものでもありません。

見えない、まだ形にさえなっていないものは、聖なる波動によって心を浄めることでしか、取り除く手段がありません。もちろんあなたがつねに感謝に溢れ、慈愛に溢れ、喜びに溢れているなら意識は高くなり、運命も改善されていくことでしょう。しかし見えないところのカルマを溶かすには、こうした高次元の波動がどうしても必要になります。

体と言葉と思いをひとつにする

瞑想は本当の自分を知るための修行法

瞑想について、少し紹介しておきましょう。

瞑想は、ヒマラヤ秘教がルーツとなる修行法のひとつで、本当の自分を知るための修行、真理につながるための修行です。自分は「何のために生まれてきたのか」「何のために生きているのか」「どこから生まれてきたのか」をはじめ、人間と神の本来のつながりを思い出すための修行法でもあります。瞑想をすることで、肉体、心、さらには人生に多くの恵みを受けます。

瞑想のやり方には、前述した「聖なる音の波動」を育み静寂になっていく「聖なる音の瞑想技法」があります。

その他、呼吸や体の動きや意識でプラーナという生命エネルギーをコントロールし、一定の所作を行ってから空っぽになって静寂となり瞑想に入る「クリヤ秘法瞑想」、讃美歌のように声を出して集中して瞑想に入る「チャンティング瞑想」、高次元エネルギーの伝授から瞑想に入る「シッダーディクシャ瞑想」「クリパ秘法瞑想」、意識を覚醒させ気づきを深めて浄化していく「ドラスタバワ瞑想」などがあります。

それらさまざまな瞑想法を、習得する人のレベルやキャラクターを見ながら、段階を追って使っていきます。

どのようなステップへ進もうとも、大切なのは信頼関係です。源の自分と信頼でつながっていけるといいでしょう。源の存在を信頼するとアヌグラハ（高次元の存在、神の恩寵）の祝福が起き、カルマが浄化されて、瞑想が深まるのです。魂への信頼、神への信頼、さらにマスターへの信頼で、瞑想はたしかなものとなっていくでしょう。

自分を制限して「よい人になろう」と我慢を重ね、そのように自分を染め上げていくと、「ねばならない」「しなくては」が多くなります。その価値観を、ほかの人にも押しつけ、不自由な人間関係になります。自由性に乏しくなります。しかし、源の存在につながれば、窮屈な思いをすることもありません。さまざまなしめつけから解き放たれます。

瞑想は、宇宙の源の神聖なエネルギーと一体になり、変容して不要なものが自然に心から落ち、自由になっていきます。それまでとらわれていたものよりも、さらによいものにつながり、何が本当に大事なものかが、自然にわかるのです。

信頼することで、前に進んでいく

ヒマラヤ秘教は、神とマスターを信じることが最も大切と教えています。ふつうの生活が信じることで成り立っているのと同じようにです。道路を歩いていて、車が来たらよければ安全です。それができる自分の注意力を信じます。食べものを買うとき、それは清潔であると売っている店を信じます。そうした信頼があって物事は進んでいます。信仰のうえでも、それは同じことなのです。

しかし、そこに疑いがあれば一歩も前に進めなくなります。生きる基本に信頼がなければならないということです。

そしてこの世界を生かしている見えない存在、神があります。そこにつながることで、大きなパワーをいただき苦しみが取り除かれるのです。物事が速やかに進むのです。

それをよく知るマスターを信頼します。見えない偉大なる存在を信じます。そうすれば安心と限りない恩恵をいただくことができます。それによってますます、スムーズな進化の旅になります。

なお、修行をするには、しっかりした体が必要です。弱い体では修行に耐えられません。しかし、心配することはありません。修行をすることで内側が整い、神の力で、次第に行動できるようになるからです。体内のさまざまな組織がしっかりして体の内側から生命力に満ちてきます。

第1章で紹介した「身・口・意」という言葉の意味を思い出してください。体と言葉と思いを一体にし、ひとつのことに精神統一をして修行することです。その結果、神のパワーをいただくことができるのです。

私たちは日頃、心があちらこちらといつも揺れ動き、エネルギーが分散して疲れてしまい、効率も悪くなっています。しかし、精神統一の練習をすると、目に見えない力にコンタクトしやすくなり、偉大なパワーをいただいて生きていくことができるのです。

奇跡が起きる心の使い方

欲しい回路から捧げる回路へ

膨大な過去生のカルマを浄めて運命を変えるには、カルマとなる毎日の行為をよいものにしていきます。すると、おのずとよい結果につながっていくでしょう。人に親切にする、満足の心を養う、捧げる行為をする、家の前をきれいに掃除する、物事や周囲の人に感謝するといった一見ふつうのように思えることです。

「そんなことはやっています」。そう思うかもしれません。しかし、さらに一歩前進して、自分から欲やエゴの心ではなく無償の心で、見返りを求めずに、いいエネルギーを出していくのです。

あれも、これもと欲望があまりにたくさんありすぎると、エゴが肥大してこだわりをつくってしまいます。そのときはわからないのですが、やがて欲望が渇望を生み、エネルギーを消耗して苦しみを呼び込む原因になっていきます。欲望が心に執着をつくると創造する源の力、無限の存在を覆ってしまいます。

そのために、そこから引き出される万能の可能性から遠のいてしまいます。こうした宇宙的な神の恵みの前には、人が欲しいと思っているものは、自分のみを守る小さな欲望であることが多いのです。自己防衛の欲望です。それらは緊張を呼び、大きな恵み、満ち足りた才能や智慧、満ち足りた愛を取り逃がしてしまうのです。

欲しい心は取り込む行為です。心に執着をつくり、カルマが蓄積されます。

そこで執着を取り除く行為をします。捧げる心を使います。それは反対のエネルギーの使い方になります。そのために、簡単にできる魂を浄める生き方があります。無償の行為を捧げるのです。無償の愛です。楽しみながら行います。

ヒマラヤ秘教の教えでは、古来そうした捧げる行為の布施や奉仕をすすめます。この行為で執着が外れ、感覚や心も浄化されて楽になっていくのです。あなたが分かち合う行為はまわりに喜びを与え、その人の心も幸せになり、尊敬や感謝が返ってきてまわりから愛される人になっていきます。

善行でよいカルマの種が蒔ける

ヒマラヤ秘教の教えは、外側の心構えから始まります。心と体を正しく使って、カルマを汚さないようにガイドします。すると意識を高め、才能を引き出し、願いが叶えられる生き方になります。

ただ頑張るだけでは、それは無知で無謀な生き方につながり、効率が悪いのです。手術を行うとき、最初に手をきれいに洗って消毒し、雑菌などが体の中に入らないようにします。それと同じように、内側の修行を行うときも、安全に効果を上げるための準備の修行が必要なのです。

これらは日常生活の中で、何をするかという指針です。普段からよい行為やよい思いで、自分を変えていくことができます。いつも、神とともにいるのです。善行をすることでカルマが変わります。

暴力をふるいません。人を傷つけたり動物を傷つけたりしません。許す。感謝する。反省する。親切にする。助ける。人に対して、そうした姿勢をもつことです。

そして自分を愛し、あるがままの自分を信頼することも大切です。さらに奉仕する、お布施をすることも善行になるでしょう。よい行いをして罪を重ねなければ、よいカルマを積むことができます。**未来に向けて明るいカルマの種を蒔くことができるわけです。**

とくに「自分は運が悪い」と考えている人は、まず善行をしなければいけません。よい行いをすればよい結果になります。ただ悶々と悩んだり、他人や社会のせいにしたりしてもよい結果は生まれません。笑顔を心がけるだけでも少し幸せになるでしょう。

これはなかなか難しいことですが、つらい場面に遭遇したときに「運の悪いことは学びの場をいただいている、ありがとうございます」と感謝しましょう。

・見えない神様に感謝
・太陽に感謝
・月に感謝
・五つの元素に感謝
・会社の人に感謝
・先祖に感謝
・親に感謝
・自分の心と体と魂に感謝

すべてに感謝していけば、どんどん運がよくなります。

心を正しく使うと、神の力が働き出す

カルマを浄めるには、行為を正すということがあります。「愛の人」になりましょう。「慈愛の人」になるのです。それと反対の心を、普段誰もが無意識に使っているかもしれません。心の中で非難することがあったかもしれません。人の悪口を言うなどです。

もちろん、あからさまに暴力をふるったりはしません。「そんな過激なことはしない」と、ほとんどの人が言うでしょう。しかし、人は無意識に悪いことをしてしまいます。暴力をふるわないことを信念にしている人であっても、悪口を言うという言葉の暴力をふるっています。カルマを積まないためには、「身・口・意」つまり行動、言葉、思いを正さなければなりません。暴力そのものは「身」の行為ですが、悪口も「口」の行為であるとともに「意」の行為でもあります。

ですから、「身・口・意」を正すという観点からは、悪口を言うことも、暴力をふるうことと同じように悪いことであり、カルマを積むことなのです。しかも、悪いカルマは、同じように悪い行為を呼び寄せ、悪い結果をもたらすというカルマの法則からしても、実に

よくないことなのです。

第1章でも触れたように、仏教では、悪口《あっく》のほかに、妄語《もうご》、綺語《きご》、両舌《りょうぜつ》などがあります。繰り返しになりますが、生きるうえでとても大切な規範となることですので、あえてここでもう一度紹介します。

悪口は、真実でないことを意地悪に言うことです。相手を下げるために、です。

妄語は自分をよく見せるために嘘を言ったりすることです。

綺語は、嘘を言って騙すことです。ペテンにかけるのです。

両舌は、文字どおり二枚舌であちらこちらで言うことを変え、相手を貶めることをいいます。

これらは、すべて人を悪く、自分をよく見せようと立ちまわることです。どれもカルマを積んでしまうことになります。心を汚してしまいます。そうではなく、自分に気づき、何をしているかに気づき、本当の自分を探すのです。人を下げ、自分を上げたいなどという欲望に翻弄されないようにしましょう。

すべては学びです。感謝を出していきます。カルマを浄め、心を正しく使うことでもっといいエネルギーが出て、よい発想が浮かんだり、奇跡が起きたりするようになるのです。

あなたにとって、奇跡とは何でしょうか。

神の力が湧いて、人間の力ではどうすることもできないことがどんどん起きてよい方向に行くということです。

皆カルマに翻弄されています。そのカルマをコントロールできれば、つねに神のような**力をもって生きることができます。**そこまでいかなくても、心を正しく使い、さらによりいいエネルギーを育むことで、神の力が働き出し、すべてがいい方向に流れていくのです。つまり、いつでも奇跡が起きているような状態になるのです。


ここであなたにお伝えしたいことがあります。欲を手放すにはその反対の行為である、差し出し捧げることをします。お布施をすることをおすすめします。お金は欲望の象徴です。**その大事なお金を自分の成長のために使うのです。**

インドでは、ずらりと道に並んだ物乞いをする人たちへ施しをすることがよくあります。お金のある人が、私費でお寺をつくることも珍しくありません。

天国に行くため最後のカルマの浄化をするために、死後に眼を献体として捧げる人も多くいます。こうした人を助け、人を思いやる文化や思想がインドには根づいています。また、インドでは出家するためにすべてを捧げます。身のまわりのものを捧げ、大事なものを与える、自分の欲をとるために布施で差し出すという善行をします。

自分の気づいている罪、わからない罪の浄化のために大きな布施を自ら進んでするのです。捧げる善行により、深いカルマが浄化され、執着や自分を責める心が落ち、大きな愛が内側に満ちていきます。インドではこのように、魂の浄化のための善行、助け合いが盛んです。信仰とともに行われます。ガンジス川での魂を浄める沐浴も盛んです。

神につながって、捧げる善行をすることで、より浄化が進み、天からの恵みがさまざまなチャンスとしてやってきます。

私たちもしがみついているもの、依存しているもの、すべてを手放します。神を信じます。そしてすべてを捧げるサレンダーをするのです。そうしてエゴを落とし、神と一体になりカルマからの解放を得ましょう。そうすれば、あなたは思いのままの人生を歩んでいくことができるでしょう。

ヒマラヤ秘教のことば❷

●アートマン

サンスクリット語。人間の源の存在。すべてを生かしめている創造の源。神であり、本当の自分。

●アヌグラハ

シッダーマスターから与えられる神の恩寵。創造の源からくる神秘のエネルギー。

●シャクティパット

心身、魂の深いレベルでのエネルギー伝授のこと。直接触れて、または間接的に伝授が行われる。

●ディクシャ

「伝授」という意味。マスターからの秘法の伝授、エネルギーの伝授、または、儀式そのものをさす。

願いを叶える ヒマラヤの教えと瞑想

ヨグマタ相川圭子が伝えるヒマラヤの教えと瞑想は、
あなたの可能性を開き、人生を豊かに変える力を秘めています。

幸福への扉 ※無料説明会

無料ウェブ説明会あり

ヨグマタ相川圭子の活動の映像や講話を通して本質的な生き方を学び、人生の問題解決の糸口、幸福へのガイドを得ます。具体的な実践をはじめるためのガイダンスも行います。

ヒマラヤシッダー瞑想

瞑想をはじめよう

心と体を浄めて、本当の自分に近づいていく音の波動「マントラ」をいただきます。日々実践することで不安・心配が消え、生命力が高まり幸運の流れを引き寄せ、運命が変わっていきます。

人生が輝く祝福のオンラインサロン

全ての教えの源流といわれるヒマラヤ秘教を、インターネット上で気軽に学ぶことができる、史上初のオンラインサロンが開設！
ヒマラヤ聖者ヨグマタの悟りのメッセージを、
動画や音声、文字を通して配信中。
法話会の優待参加などの特典もご用意しています。

祝福のメッセージをお届け！
ヨグマタ相川圭子 LINE公式アカウント

ヨグマタ相川圭子の LINE 公式アカウントが開設！
癒しと気づきが得られるメッセージが定期的に届くほか、
LINE に話しかけると祝福のアドバイスが返ってくるかも!?

第3章

誰にも神は宿り、力を与える

誰の中にも神が宿っている

宇宙の源の力

第2章で神という言葉を使ってきました。しかしよく考えますと、人によってさまざまなとらえ方をされていることでしょう。また、いきなり「神とは？」と問われても、あまりにも漠然とした問いなので、戸惑うかもしれません。

言葉では知っていても目に見えないものですから、現実感がなくてピンとこないかもしれません。また、キリストやブッダといった宗教上の存在をイメージする人もいるかもしれません。信仰をもっている人は別として、ほとんどの人は普段、神という存在を意識せずに生きているのではないでしょうか。

そこで本章では「神とは何か？　そして、ヒマラヤの教えは神をどのようにとらえているのか」を紹介したいと思います。

信仰大国のインドでは、誰もが子どもの頃から神を自然に受け入れています。そして、生涯、信仰を深め神からの恵みをいただきます。インドは多神教なので、実にさまざまな神がいます。

宇宙にはさまざまな働きのエネルギーがあり、各エネルギーが湧き出るセンターがあります。その一つひとつをインドでは神々と名づけたのです。そうした宇宙の源の力を神と名づけました。

そこには男性のエネルギーの神と、女性のエネルギーの神がいます。シヴァという創造の神を信じる人もいれば、ヴィシュヌという維持する力の神を信じる人もいます。受験勉強のときは合格する神、事業で成功したいときは富の神、誰かが死んだときは天国に導く力の神が信じられています。

また、精神的指導者で人々を神につなげる役割を担うマスターを信頼する人もいます。マスターはどの神様にも通じる門になるので、マスターを信じればすべてがうまくいく、と考えられるためです。とくにヒマラヤ聖者のサマディマスターは、インドをはじめ、世界じゅうの人々から絶大な信頼を得ています。

宇宙のすべてを創造した源――神

ここで、少しわかりやすく神についてお話をさせていただきます。ヒマラヤの教えでは、**神は宇宙の創造の源、すべてのエネルギーの源のことを指します。**源には真理があり、それを人は神と呼んだのです。つまり、神と一体になることは、真理を知ることでもあるわけです。神は無限の力の存在であり、自然の力そのものでもあります。

神を源として、二つの基本のエネルギーが現れました。それは、純粋なエネルギーのもとであり、物質を創造する最小の存在です。また、男性のエネルギーと女性のエネルギーでもあります。その二つのエネルギーが干渉して創造が始まります。それは、見えない存在からしだいに見える存在へと変容していくプロセスでもあり、私たち人間も同じようにして神によって創造されました。

インド哲学では、全体の神・最高神をブラフマンといいます。イシュワラ、パラマアートマンともいいます。日本語では至高なる神、無限の存在、あるいはすべてを創り出す源の存在と訳すことができます。西洋の知識人は、そのことをスーパーコンシャスネスと呼びました。日本語では超意識と訳されています。

そのスーパーコンシャスネス、最高神ブラフマンから、二つの基本のエネルギーであるプルシャと、プラクリティが生まれました。

プラクリティは、現代科学のいうクォンタム（quantum）、つまり量子よりも、さらに小さな存在です。プルシャからシヴァが生まれ、神の力であるプラクリティが一体になることで、創造の展開が始まりました。はかりしれない年月がかかって、いろいろな物質が創られ現れたのです。

体は五つのエネルギーでバランスをとって存在している

宇宙のプルシャとプラクリティの展開、つまり「純粋な根源のエネルギー」であるシヴァと「物質の源のエネルギー」であるシャクティが一体となることで、まず動きがあり、光が生まれ、音が運ばれてきました。

さらにアカーシャというなにもない「空」が生まれ、ゆらぎが生じて「風」のエネルギーが生まれ、「火」のエネルギー、「水」のエネルギー、その水が引くと「土」のエネルギーが現れました。そのため、土のエネルギーの中には空、風、火、水のすべてのエネルギーが存在します。それぞれが組み合わさって、物質的宇宙が創られたのです。

この宇宙のシステムは、第1章でも少し紹介しましたが、そのまま私たちの体にもあてはまります。

体は大きな宇宙と同じ素材でできています。体の奥には空の体、風の体、火の体、水の体、土の体があり、それぞれが集まって肉体が成り立っています。土はまさに肉体である体、水は血液や体液、火は食べたものを燃やし生命活動を維持するエネルギー、風は吸った空気（酸素）を全身に運んで気をまわし、空は内臓の隙間、ギャップのある空間です。それがあることで**バランスをとって存在できるのです。**

他方、五つの元素で創造の営みが展開している宇宙に目を向けてみると、火の要素をたくさんもった太陽があります。太陽は燃え続け、火の要素でできた光を放ち続けています。土星はガス状になっていますが、やはり火のエネルギーがあります。それが強く、熱いのです。さらに、強い風も発生しています。

私たちが命をいただいている美しい惑星である地球は、水の要素が豊富であり、広い大きな海があります。山や平原もあり、そこに土の要素があります。地殻には燃えて溶けた溶岩があり、火のエネルギーがあります。

地表の空気は、太陽に熱せられ、風が現れ、海の水は大きな流れ（海流）になり、そこからも新しい生命が誕生しています。誕生した新しい生命の中には、環境に適応して進化していくものもあれば、環境の激変に適応できずに絶滅していくものもあり、地球上の生命が全体として進化していったのではないでしょうか。

神のいる場所――心の家と魂の家

人間は体と心、そしてその根源には魂があります。体の中にはアストラル体という心の家があります。これは細やかな波動のエネルギー体でできています。**アストラル体には潜在意識などがあり、心の記憶が残されています。**アストラル体は使うときには広がって、思いによっては天まで届くくらいに大きくすることもできます。

皆さんには信じられないかもしれませんが、けっして大柄ではない私の体が、遥か遠くからでも大きく見えたとか、私が遠距離にいる人にタッチをしたという修行者の声もあります。私の思いがアストラル体になり、時空を超えた広がりを見せたのかもしれません。

私自身は無意識のことなのですが……。

このアストラル体の中には、さらに微細なコザール体というエネルギーがあり、ここが魂の家となっています。コザール体は親指くらいの大きさともいわれています。

この魂こそが心と体を生かしている存在であり、エネルギーの源の存在なのです。神の化身も、本来の自分とも呼べるもので、ヒマラヤ秘教ではこれを個人の神「アートマン」といいます。

さらにそれにつながる創造の源がパラマアートマンという「宇宙の神」です。それは何も変化しない永遠の真理の存在であり、またの名をブラフマンといいます。

アートマンである魂は私たち一人ひとりの中にあり、私たちを生かしめています。

アートマンであることを実感するとき

ヒマラヤの教えでは、自分の源に遡《さかのぼ》ってそこに何があるのか実感することを人生の目的としています。サマディ修行は、源に還りそこに真理があること、変わらない存在である神を発見します。これを「神我一如」といい、究極のサマディを体験する修行です。

サマディは、心と体を浄化して純粋になります。サットバという純粋なクオリティのエネルギーになります。そのプロセスでいろいろなことがわかるのです。シッダーマスターは何度もこの段階のサマディを体験し、さらに究極のサマディを体験して真理となりすべてを知って還ってきた存在です。

サマディ体験では、まず体と心を浄化して超えていきます。超えたところは、心が空っぽで静寂です。やがて体の機能が次第にストップして、呼吸が自然に止まります。究極のサマディに没入したのです。究極の意識状態です。自動車でいえば停止してエンジンを切り、すべてのシステムをストップさせるようなものです。しかし、死んでいるのではありません。見えない力に体が生かされて、死を超えて今にあります。本当の自分に達し、さらに創造の源、つまり真理と一体となって悟るのです。

こうして神と一つになった状態に何日もとどまります。その時を経てやがて肉体に戻ってきます。体も心も神の力を得て充電して戻ってくるのです。それが「ア・サンプラガティサマディ」という究極のサマディです。

サマディの中で、すべてが源に還ります。サマディの修行は、神と一つになって深い休息に入ることで、そこには心がなく体もなく本当の自分があることがわかります。肉体が働かなくても、それを超えた存在があること、この心身を生かしめている神、魂があることを証明してくれるのです。

魂が私たちを生かしている

私たちが魂（神）に生かされていることを、身近な例でもう少し紹介します。

私たちは普段、目が覚めているときは、見たり、聞いたり、触れたりすることを、心が意識して行っています。ところが眠っているときは違います。たとえば、昼間に気にかかることがあると、関連する記憶が引き出された夢を見ることがあります。

心や体が休んでいるにもかかわらず、異なったレベルの意識が働いて夢を見せるのです。それが魂の働きです。心が働かない状態でも、私たちを生かしめている存在があるのです。こうした体験は、心が純粋なときに起きます。

もともと私たちは、無限の存在、神から送られてきた存在です。魂は私たちの故郷なのです。本来は懐かしく、還りたいところであるのに、なぜ、つながりが切れて迷子になってしまったのでしょう。それは輪廻転生の中で、心に過去生からの記憶である執着、感情や欲望があるからです。それによって心の中にはカルマが積み重ねられていっぱいになったために、心が曇ってしまったからです。魂のまわりにある心の曇りが、魂を見えなくしてしまったのです。

もうひとつ、神とのつながりを希薄にしているのは、私たちが自分の内側へ目を向けないためです。普段、神を意識しないためです。心のさまざまな執着や欲望、快楽の働きで外側ばかりに気をとられ、自分の本質が何かを気にとめないからです。自分はなぜ生きられるのか、自分とは何かということを問うこともなく、心が自分と思い込んでいます。そして心の働きばかりにとらわれているうちに、神とのつながりも見失ってしまいました。

本来は、「自分はいったい誰なのか？」「本当の自分とは何か？」ということを知って、初めて人間として内面が充実します。外側ばかり満たそうとしても、心と感覚の喜びは、いつかは飽きてくるのです。なぜなら、それらは永遠のものではないからです。

私たちがいったいどこからやってきたのか、そのルーツをたどってみませんか。それがわからないと人はつねに不安であり、自分自身が満たされないのです。

心を浄化して空っぽにして、純粋な状態に戻し、その奥の源の存在を発見しましょう。そして自分の内面に関心をもつことで、本来の自分について考えてみましょう。

自分は内側にある奥深いところから送られてきたこと、そして今があることを自覚し、感謝する時間が必要です。それは自分の源に還る旅ともいえるでしょう。

神の力を引き寄せて運よく、思いどおりに生きる

苦しいときの神頼みは頼りになる⁉

私たちは、人生の中でしばしば苦境に立たされるときがあります。生命に関わる大きな病気になったとか、生きているのがつらいほど人間関係がうまくいかないとか、商売で大きな負債を抱えてしまったとか……。どうすればいいのか、自分を失うほどに悩み、苦しみ、どこかへ逃げ出したくなります。

こんなときに人々はよく「苦しいときの神頼み」という言葉を口にします。ここから先は人の知識や力ではどうしようもない、神様の力にすがるしかいない、といった心境を表しています。「藁《わら》にもすがる気持ち」といったところでしょうか。

こんなとき、本当に神の力は働くのでしょうか。その答えは「イエス」です。ただし、

神を嫌っていたり、信じていないと、神の力が働きにくいということはあります。その意味でも、普段から神を尊ぶ気持ちをもっていたほうがいいのです。

私たちが話せるのも、見ることができるのも、聞くことができるのも、神様の働きがあってのこと。「すべては神様、創造主のおかげです。生かしていただいています。どうぞお助けください」と感謝する気持ちがあれば、神の力は働きます。ですからいつも神に感謝をして、尊敬して愛を送ってください。そして、「自分」をなくしてサレンダーすると神の力が働き、神に愛されて人生がラッキーになっていくことを知ってください。

「私はそうした絶大な姿勢を学ぶことができます。神を恐れるがゆえに悪いことをせず、よいことを行い、神を信じます。神が見ています。陰日向《かげひなた》なく悪いことを行わず、善行を進め、神を信じます」

そのように心から思っていると、神は必ずあなたを助けてくれます。

神は公平な存在、そこにあるだけ

神は公平です。太陽のように平等です。

太陽は私たちをあまねく照らしてくれます。悪人も善人も区別なく光を注ぎます。心に太陽への感謝があれば、その光のぬくもりや明るさを享受できます。しかし、心が曇っていたり、感謝がなかったりすれば、恩恵のありがたさがわかりません。それと同じように心の曇りが神の力を遮っているのです。

無限の存在の源の神は、公平であるがゆえに私たちに罪や罰を与えません。ニュートラルで、偏りがなく、自然な存在です。

神にとっては、よいことと悪いことがいっしょなのです。カルマが働くとさまざまなことが起こりますが、そこに神の意志はありません。神はただ源にあるだけです。信じるものを助けてくれることはありますが、裁くことはないのです。

創造の源の神から分かれた神々のエネルギーは純粋です。しかし、人間が何か悪いことをするとそのエネルギーが悪いものとして働き、悪の色に染められるので、罰があったかのように見えます。実のところは自業自得なのですが、それがいつしか人々を導く方便として、使われたのです。「神が罰を当てたので、こんな悪い状況になりましたよ」と。

そうすることにより、人々は神を恐れるようになります。神からの罰をおそれ悪いことをしないための歯止めとしたのです。人々は神を恐れ、行いを正していったのです。

本当の自分に出会うとき

体と心の真ん中に自分を置く

神の存在や自分の内側に目を向けず、心に重きを置いて心に翻弄されている状態は、揺れるボートに乗っているようなものです。つねに欲望や執着によって動きまわる心は安定感がなく、グラグラとしています。

まず信じる心になり、動かない無限の存在につながって心の浄化の修行を始めていくことが大切です。たとえば瞑想をするにも、神を疑ったり、マスターに否定的になったときには瞑想をしないことです。**エゴとつながりながら修行をしないほうがいいのです。**悪い現象が起きるからです。

無限のパワーをもつ神を侮ってはいけません。神とつながる一方で、神を冒涜《ぼうとく》してはならないのです。

根源である神につながった状態は、どっしりとした安定感があります。揺れる心に重石《おもし》をしたような状態なのです。

この重石があるおかげで、自分のバランスがとりやすくなります。相撲の世界では、おへその下にある丹田《たんでん》という部位に意識を集中すると、体のバランスがとれて安定感が出るといわれています。それと同じように神を信じていくことで、しだいに肉体の中心、心の中心にいつも自分を置くことができるようになるのです。心の中心に置くのは「信じる」ということ。それはまずつねに神を思うことです。心の純粋なところに、穢《けが》れのない愛があります。愛をもって思います。そこにサレンダーするのです。エゴのつぶやきを落として謙虚になります。

信じることで心身のバランスが整っていく

神につながることでまず実感できるのは、**つねに愛されている感覚に満たされるということです。**直感も冴えてくるようになります。さらに、何をしても調和がとれ、自分の欲望に走らないようになるのも、神の愛と智慧のおかげです。

また、前にも少し触れましたが、生命エネルギーが引き出されるので、内面が生命力に満ちてきます。いろいろと考えて疲れたり、余計なことを想像して苦しんだり、相手の心を読んだりするような猜疑心《さいぎしん》もなくなります。他人も自分も信頼して生きていけるので、ストレスもたまりません。

容姿や国籍、肌の色など、人を表面的なもので判断しなくなります。自分の価値観や好き嫌い、感情で人と接するのではなく、相手の純粋な魂を見られるようになります。ただし、このようになるには、あわせてカルマの浄化を進めていくことが大切です。

神につながると、無限の力が生まれる

生命エネルギーの話をもう少ししましょう。

神の存在から出たエネルギーは生命エネルギーといわれ、私たちを生かしているエネルギーです。それは、創造の源の存在から発せられる基本のエネルギー、気ともいわれています。

生命エネルギーは、実にさまざまな働きをしてくれます。生きるために、栄養を取り込む力になります。酸素を取り込みます。空気を吸い込む力になります。こうした取り込む

力を「プラーナ気」と呼びます。

そして取り込んだ酸素を燃やすのは「サマーナ気」、吸収して残った不要物を排除する力（排泄）に関わるのが「アパーナ気」、その気を上に上げるのが「ウダーナ気」です。気を全身にまわしているエネルギーを「ヴィヤーナ気」といいます。

私たちは、これらの五つの生命エネルギー（気）によって行動ができ、生かされています。こうした生命エネルギーは、神とつながることで引き出されます。さまざまな能力が発達し、苦しみからも解放された幸せな人生を送ることができます。

人はストレスを感じると、ぐったりと疲れますね。心が迷うと、生命エネルギーが消耗するからです。そして、生命エネルギーが少なくなると、免疫力が低下して病気になります。生命エネルギーがあるということは、神の力が満ちて活動する力があるということなのです。

また、才能を発揮したいときも、成功したいときも神の力が必要です。生命エネルギーには集中する力があるからです。

源の至高なる神からのパワーには無限の力があります。そこからすべての力が生まれます。全知全能の力によって、すべての才能が現れるのです。

神のパワーを生命エネルギーという形でいただくと、エネルギーのセンターが開かれ、さまざまな能力が開花していきます。エネルギーには、全知全能のエネルギーから個別のエネルギーまであり、それぞれにチャクラというエネルギーのセンターが存在します。聖なる音の波動のマントラ瞑想やクリヤという光の瞑想は、それらのエネルギーを浄化して活性化させます。

チャクラに応じて段階を追って秘法の瞑想をしていくことで、これらの能力を的確に開花させ、十分に才能が生かされ、この世での成功も得ることができます。

神が実に多彩な力をもっていることは、八百万《やおよろず》の神がいることでもわかります。

神には、ブラフマンという至高なる存在があります。そこから三つの神が生まれます。ブラフマ（創造）という生み出す力の神、ヴィシュヌ（保持）という愛を維持する力の神、そして浄化し、変容し、生まれ変わる力のシヴァ（破壊）の神です。この三神が一体となって宇宙の基本の働きをしています。

このほかにもサラスワティーという智慧の力の神、ラクシュミーという富の力の神、ガネーシャというクリエイティブな力や企画する力の神、ケラデヴィという母のエネルギーですべてを生み出すパワーの存在である神、ハヌマンという身体能力の猿の神。そしてドゥルガというすべての源のパワーである神々がいます。

インドの神の名前を少し挙げましたが、実にたくさんの神々がいるのです。こうした神々は、すべてのエネルギーのセンターをもち、そこから力を引き出せます。

カルマの原因を神につなげる

よいエネルギーのチャンネルに合わせると、人生は好転する

カルマの影響を受けているうちは「自分はこういう家に生まれ、こういう星のもとで、こういう性格だから……」という思い込みに支配されています。しかし、神のパワーをいただくことで、カルマの原因を神につなげることができます。

よいエネルギーのチャンネルに合わせることで運命が変わり始め、どんどんよいスパイラルに入っていきます。悪い現象につながらず、神の恩恵を受けて、安心して守られて生きていけるからです。

こうして人生が好転していくと、自信も湧いてきます。多少の不運も苦にならなくなります。不幸も学びの機会として前向きにとらえられるようになるのです。また、たとえ不運があって

も、まわりによい友人がいたり、事故を起こしても大事故にならないで済んだり、見えない力に守られます。

さらに、自分が自分のマスターになることもできます。自分の運命を思いのままに、コントロールでき、カルマに翻弄されないようになります。そして、よりいっそう自由に、心のゆとりをもった選択ができ、直感が冴えるようになるでしょう。運命に弄《もてあそ》ばれず、運命を超え、突き破っていけるのです。

瞬時によいエネルギーのスイッチが入る

私の道場に通っていた女性で、母親が認知症になり、徘徊して警察のお世話になるなど大変苦労していた方がいました。彼女なりに精一杯介護をしていたようですが、ある日、母親の日記に自分を罵倒する文句が並んでいるのを見てショックを受けたそうです。

そして彼女も「こんなに面倒をみてあげているのに感謝がない」という気持ちになってぎくしゃくとした親子関係になりました。

こうしたケースに接すると、介護をする側がどんな気持ちで接していたか、どういうエネルギーを出していたのかと考えてしまいます。介護する側に「面倒をみてあげている」という気持ちがあれば、それは波動（バイブレーション）となって母親に伝わります。

するとと母親からは「養っていると思って偉そうにするな」という波動が返されます。母親はそうした思いを言葉にせず、日記にしたためたわけです。親としてのプライドもあるでしょうし、母親として悔しかったのかもしれません。

こうしたことも、神とつながると、その瞬間から関係性がよくなります。ほかにも、以前、親子関係で悩んでいた人がディクシャを受けて、マントラ（→91、98ページ）をいただいて家に帰ると、何もしていないのに親から感謝の言葉をかけられたという話がありました。

このような、親子関係や人間関係がよくなったという話は今までいくつも耳にしています。それは、その人の波動が変わるために起こるわけです。その瞬間にスイッチが入るような感覚です。

マントラの波動は神です。神とつながり、さらにマスターからの高次元のエネルギーを呼び水にして、神のエネルギーが注がれることで、瞬時にスイッチが入ってスッと変わったのです。

喧嘩をしている人が、かかってきた電話に出ると全然違う人格になることがあります。まさにあのようにパッと切り替わるわけです。これは、自分のよそゆきのエネルギーに切り替わったということですね。この例のように、神につながらないで、自分のよそゆきのエネルギーに切り替わった場合は、「嫌だな、めんどうくさいな」という気持ちが残り、そこからマイナスのエネルギーが無意識に出てしまいます。

まだ心につながっているわけです。まだその人の思いに翻弄されているということです。それは本人にもわからない深いレベルでのことなのですが、やはりごまかすことはできません。やさしくしなければと理性で装っても、ただ演じているだけなので、相手にもマイナスの波動が伝わってしまうのです。

心がけをいくら変えても、人間は変われないものだともいえます。いい人になろう、やさしくしようと思っても、本質としてできないということでもあります。道徳などは教えを頭で理解しようとする実践であり、そこには限界があるように思います。

意識が自分の心につながりそうなときは、神を信じることで、そこにつながらなくなります。すると、よいエネルギーが互いの間を通うきっかけになります。またよい波動を出すと周囲からもよい波動が返ってきます。逆に悪い波動は寄せつけなくなるので、物事がうまくまわり出し、自然に運も開けてくるはずです。

願いごとが叶う波動の仕組み

よいエネルギーの波動を引き寄せる

神という無限の存在からは、さまざまなエネルギーが枝葉に分かれ、宇宙や私たちを満たしています。

エネルギーにはすべて波動があり、いろいろな質をもっています。**波動は同じ質のもの同士で引き合うので、望んだものを引き寄せることができます。**

ネガティブなエネルギーに満ちていればネガティブな波動を、ポジティブな思いをもてばポジティブな波動を引き寄せます。疑いのエネルギーは波動となって相手に伝わり、疑いのエネルギーが返ってくるでしょう。怒りのエネルギーは、相手にも怒りを呼び起こします。同質のエネルギーがリンクするわけです。

神を思えば、神の波動も引き寄せられます。神とつながることで、自然とよい波動を引き寄せられます。悪い波動は寄ってこないため、物事も悪い方向へは進まず、邪悪なものを寄せつけません。無限の存在につながれば、そこからひと筋の波動を受けることができるのです。

自分の思いを実現していくときにも、神の波動に守られ、神の智慧や愛がついてまわるので、気持ちに自信とゆとりが生まれます。するとさまざまなことがよい方向へ展開して奇跡が起きていきます。

思った方向に物事が動き出す

神とつながることで、さまざまなことが思いどおりになります。

たとえば、願いが叶うということもそのひとつです。ただし、願いごとの内容やレベルにもいろいろあるでしょう。衣食足りて礼節を知るということもありますので、最初のうちは自分が幸せになりたい、何か欲しい、そんな願いもいいでしょう。しかし、度が過ぎると執着になり、バランスを崩し、よくないことにつながってしまいます。つねに他人とシェアする気持ちも大切にして、バランスをとることが必要です。

最終的には自分だけの利益や利己的な願いではなく、多くの人が幸せになるような願いのほうがよいのです。無償の愛です。見返りを期待しない願いがよいのです。

また、最初からそう願うと、自分の願いも叶います。カルマを浄化して心が純粋になると、思ったことが叶えられるようになってきます。心のブロックがなくなってくるからです。また神につながることで強力なパワーの後押しが得られ、さらに願いが叶えられやすくなります。

願いごとを決めると、すべてがその方向に向かって動いていくようになります。よいことをするのだと思うと、自然に実現するほうに動いていくのです。あなたの心の思いは外側に現れ、思ったとおりのものが現れてくるでしょう。「因果の法則」「カルマの法則」を思い起こしてください。よいことを望めばよい結果が現れます。悪いことを思えば悪い結果が現れます。

意志や精神統一の力が磨かれる

たとえば試験に受かりたいと強く願うなら、しっかり勉強をするようになり、必要な情報も集まり、精神統一力も備わってきます。見えないエネルギーが、深いところからあなたに協力を始めるからです。

しかし「受からないかもしれない」「自分は駄目な人間だ」というマイナスの思いがあると、受かりたい気持ちと駄目だという気持ちがせめぎ合い、勉強に集中できなくなります。これではエネルギーが十分に機能せず、試験をパスする協力態勢になりません。

心のどこかで「できない」という否定的な思いが、非協力的なエネルギーの態勢をつくり、結果にも悪い影響を与えます。自分を信じる力も大切になります。

そして願いを叶えるためには、意志の力や精神統一力をつけることです。**思いを拡散させず、ひとつに集約させるのです。**神とつながる中で、マスターを通して精神統一力をつける訓練ができ、自然と集中力が養われます。

自分の知らない能力が目覚める

神につながることで、潜在能力が目覚めることがあります。浄化を進めていくことで、内側の才能のセンターにスイッチが入るからです。

先入観にとらわれなくなり、集中力も増すので、それまで無駄に使われていたエネルギーが別の能力に向けられるようになります。ただし、潜在能力といっても、空中を飛びたい、光のような速さで移動したいといった超能力を身につけようとすると、執着が強くなりすぎて、うまくいきません。

神につながると、思いにとらわれなくなり、心が楽になります。そして精神統一体になって集中力がつけば、一を聞いて十を知るように先まで読めるようになります。覚えるべきことは記憶し、思い出したくないことは忘れ、心の中がゴミだめにならないように、上手に活用していくこともできます。その他、理解力や発想力、直観力や創造力が研ぎ澄まされるでしょう。

なかにはあまり寝ないで済むようになる人や、少し食べただけで満足できるようになる人もいます。とらわれていたものから解放されて自由自在の人になり、「自在力」ともいえるパワーが身につきます。

心のブロックが外れる

カルマによって刷り込まれた執着や思い込みは、非常に強固なものです。これは「心のブロック」ともいえるもので、私たちが自分を守る砦《とりで》でもあります。

ヒマラヤ秘教の修行では、こうした心のブロックが外れることで、あり得ないようなことが起きます。

ある整体師の方が、私の道場の1週間の修行合宿に参加しました。その方自身が背骨の歪みに長年悩まれていたのですが、合宿中にその歪みが治ってしまい、専門家の当人が大変驚かれていました。

背骨を治すために合宿へ参加したわけではないのですが、見えない力が作用して、治らないという思い込みが自然と外れたのかもしれません。

また、数年来のしつこい肩こりが、ディクシャを受けた途端に治ってしまった方や、白内障が治った方もいます。そのときは、私がジッと目を見て「大丈夫、見えるよ!」と言うと「ヨグマタが言ったから見える」という気持ちになってすぐに治ったそうです。

どこへ意識を集中すれば治るか、私の直感でガイドしただけなのですが、それによってアヌグラハ(創造の源からの恩寵《おんちょう》)がすぐさま作動して、深いところの心とエネルギーが浄化されよくなるのです。

こうした例は「できるわけがない」「嫌い、怖い」という思い込みのエネルギーが錯綜している状態から、心のブロックを外すことで起こるわけです。多くの人はこのように、自分の心を超えられず、心や過去を通してすべてを判断しているのです。

もともと私たちは、神にエネルギーをつなげて不可能を可能にする能力をもっています。ところが自分を信じていませんし、思い込みで心が曇っているので、せっかくの能力が発揮できずにいます。

それがヒマラヤの恩恵を受けると、まるでレーザーがスッと通るようによいエネルギーにつながり、よい展開が始まって奇跡が起きていくのです。

源の神への道、エネルギーのバランスを整える

神とつながり精神が統一されると体が安定し、神経も整い、エネルギーも偏らない状態となります。両手を合わせる合掌は、左右のエネルギーが合体してバランスをとっている状態です。また、瞑想の姿勢であるロータスポーズ（蓮《はす》の花のポーズ）も体が安定して、精神の統一体になります。

私たちの体には7万2千のエネルギーの道があり、その中に108の重要なエネルギーの道があります。そこからさらに13の最重要な道が内臓などにつながっています。エネルギーの道が、縦横にはりめぐらされているのです。

ヒマラヤ秘教の真のヨガでは、体内の三つのエネルギーの道に注目しています。体の右

側を通るエネルギーをピンガラといい、陽の道です。左側を通るエネルギーをイダーといい、こちらは陰の道です。そして、真ん中をスシュムナーというエネルギーの道が通っています。

エネルギーのバランスは微妙なものです。右の道に偏ると陽のエネルギーが活性化しすぎて眠れなくなります。左の道は気持ちを落ち着かせたり、内臓の働きをよくしたりすることに関係するエネルギーです。

この左右のエネルギーは、2時間ずつ交互に強くなることで、エネルギーがうまくバランスをとって循環しています。

浄化で神秘の力が備わる

ヒマラヤ秘教では精神統一力をつけるために、クンダリーニという秘法により、スシュムナーという真ん中の道を開いて浄化して、各センターを浄めます。これはエネルギーの道ばかりではなく、心の家であるアストラル体やその中にあるコザール体まで浄め、エネルギーを整えるためです。

こうして体のバランスや神経を整え、ストレスをなくし、ひとつのことに集中しやすくすることで、サンカルパという神のような意思の力が養われていきます。

そして、神秘の力を引き出します。それによって願いごとを叶えることはもちろん、動く球が止まって見えたり、小さな点がだんだん大きな玉になるような体験をすることもあります。

神と人がひとつになるヒマラヤの教えは、こうしたことを現実にします。

次の章では、こうした奇跡を呼び起こすヒマラヤ秘教について、詳しく紹介していきましょう。

ヒマラヤ秘教のことば❸

●アストラル体

肉体の中にある変貌自在な体。心の家。

●コザール体

アストラル体の中にあり、魂、つまりアートマンの家とされる微小な体。

●体内の三つのエネルギーの道

【スシュムナー】…体の中心を通るエネルギー。
【ピンガラ】…体の右側を通るエネルギー。
【イダー】…体の左側を通るエネルギー。

●プルシャ

インド哲学でいう「源」の純粋な存在。

●プラクリティ

物質を創る根源の存在。

●ブラフマン

宇宙を創る源の存在。至高なる存在。イシュワラ、パラマアートマンともいう。

第4章

運命を変えるヒマラヤ秘教の教え

5千年を超えて伝えられてきた神とひとつになるためのヒマラヤ秘教

ヒマラヤ聖者は祝福を与える

ヒマラヤ秘教は、ヒマラヤで修行した聖者が真理を探究し悟ったものです。聖者は、体のサマディ、心のサマディ、喜びのサマディ、自我のサマディ、究極のサマディと体験し、神と一体になり、真理となったのです。

現在ヒマラヤの奥地にいる、ごくわずかなシッダーマスター（サマディにより悟りを開いたヒマラヤ大聖者のこと）以外で、この教えを伝えられるのは、兄弟弟子であるパイロットババジと私の二人だけです。

ヒマラヤ聖者はサマディに入り、地球の平和、世界の平和を祈っています。ヒマラヤの聖者は、祝福を与える存在です。

ヒマラヤ秘教はインドで生まれ、その起源は5千年以上も遡るといわれています。宇宙のすべてを創り出している神、その源の存在に出会いたいという願いから始まり、やがてヒマラヤの大聖者たちは、**人間の体の中に、宇宙のすべてがあると気づきました。意識を進化させて「本当の自分」に還り、究極のサマディという悟りの境地に達することを発見したのです。**

サマディとは、心の苦しみを乗り越え、神と一体になることです。源の存在と一体になり、そこにある状態です。体と心を浄め、死さえ超え、安らぎのステージに戻り切った、苦しみから解放された状態です。

自分は苦しみではない、自分は心ではないと実感し、本当の自分を悟るのです。サマディが成就すると神のような意識で自分自身をコントロールすることができ、能力が向上し、あらゆる苦しみや束縛から自由になることができます。

サマディの智慧は、科学的な真理の発見です。それが代々、ヒマラヤの聖者やあるいはリシといわれる聖者に口伝で伝えられてきました。さらにそれらは、ヒマラヤ聖者ヴャーサなどによって集大成されて、インド哲学のヴェーダとなったのです。

ヒマラヤ秘教は、仏教やキリスト教をはじめ、すべての宗教に影響を与えている尊い教えです。なかでも、不死や悟りの秘密の教えは、歴代のヒマラヤ大聖者たちによって、ヒマラヤ秘教として秘密裏に守られ伝えられてきました。

選ばれた者だけに伝わる秘密の教え

ヒマラヤ聖者が住むところは天国です。下界からは容易にアクセスできない、ヒマラヤの秘密の場所です。シャングリラ、シッダープリ、シッダーガンジ、ギアンガンジ、ラクシューミーバン、スーリーヤクンダ、チャンドラクンダ……。これらの秘境は、ヒマラヤの奥地やチベットとの境やバドリナートの先の中国との境などにあります。

古くは中国の歴代の皇帝が、そして今でもインドの多くの聖者が天国を探そうとしていますが成功しません。

なかでもヒマラヤ秘教の伝統を受け継ぐシッダーマスターは、ヒマラヤにあっても数が少なく、誰にでも教え導くわけではありません。サマディへの道は、今なお秘密で公開されていないのです。サマディへの道は、歴史の中でもほんのわずかな弟子に、マスター（指導者・橋渡し役）からディクシャを通して伝えられた秘密の教えです。本当によいカルマをもっていないと継承できないのです。

シッダーマスターの恩恵は特別なものです。ヒマラヤ聖者は、ほとんど誰も下界へは下りてはきません。ですから、シッダーマスターから、もしディクシャがいただけるなら、それは奇跡といっても過言ではありません。

シッダーマスターのガイドで源に還る

後述の「特別編」でも触れますが、シッダーマスターからの祝福は特別なものであり、実在のシッダーマスターに今出会えるのは、その中でもまた特別な恩恵です。ヒマラヤの教えの偉大な点のひとつは、シッダーマスターが長い年月の苦行で得たサマディパワーを、ディクシャを通して誰にでも伝授してくれることです。それにより、カルマを浄化して生まれ変わり、救われるのです。これは奇跡です。

幸運にもそうしたシッダーマスターに会えたなら、アヌグラハの恩恵、神の祝福で、自分の源である神とつながれる、ということです。神とマスターを信じる人であれば、聖者でも出家修行者でもない、ごく平凡な人々が神とつながるチャンスに出会え、それをシッダーマスターが手助けするのです。それができるのは、ヒマラヤ秘教だけです。

本来、神とつながり崇高なエネルギーの恩恵を受けることは、ほんのひと握りの聖者にだけ許されることです。それも長い間の修行や、ゆるぎない信仰心を養って、初めて神とのつながりを実感し、その祝福が受けられます。しかし、ヒマラヤ秘教ではシッダーマスターを案内役として、神と一般の人をつなぐという神秘の体験を、科学的な方法で現出させます。そして神とつながる人に生まれ変わり、内面的成長を望む人生を歩み出すことができるのです。

多くの宗教は、祈りや道徳的な行いで神の加護を願いますが、ヒマラヤ聖者とのつながりは、サマディマスターのエネルギーを橋として神につながるので、最速の恩寵があり、速やかな変容を促します。神とつながって、神秘の力である恩恵に満たされるのです。さらにシッダーマスターの祝福や秘法によって、実践的に深いところからの変容が起きていきます。

神に出会うことは本当の自分を悟ること

神への橋渡し役の存在

ヒマラヤ秘教では、人々と神をつなぐ案内役のシッダーマスターが目の前に実在します。それはヒマラヤで修行してカルマを浄め、悟りを開いたエネルギーをもつ人です。そのシッダーマスターの高次元のエネルギーにつながり、導かれ、安全に速やかに神と一体になり、本当の自分に出会えます。それは、本当の自分になることです。

神秘の力を、科学的に「今」にもってくるので、神とマスターへの信頼があればすぐに深い変容が起き、見えない力とコンタクトできます。そのパワーは、心や体の浄化に伴い、段階を追って大きくなります。

多くの宗教では、こうした変容がすぐには起きないでしょう。その教えを説いた人は遠い昔に亡くなり、シンボライズされ神格化されています。直接会うことはおろか、その助けを借りて神とつながることはできません。祈り、教義を守って信仰を重ね、長い年月をかけて何かを悟っていくものがほとんどです。

7年間瞑想を続けて悟りを開いたブッダ

宗教の話題を紹介したので、ここで宗教と神とのつながりを見てみましょう。世界の三大宗教の中から、仏教とキリスト教を例に紹介します。

仏教を広めたブッダはインドに生まれ、7年間のさまざまな苦行を重ねた末、最後に死を覚悟で菩提樹の木の下で瞑想したのちに悟りを得た魂です。ブッダは、彼を信奉する多くの行者、出家修行者を引き連れて、インドのブッダガヤからサルナート、クシュナガールなどのあたりを托鉢《たくはつ》して歩きました。

インドには、当時も今も大衆にわかりやすい宗教、神々への信仰があります。その宗教にはさまざまなマスターがいて、いろいろな宗派があります。

なかでも、ブッダが行った修行は悟りへの道、涅槃への道です。ヒマラヤ秘教の教えを汲む、最も知的なアプローチであるヴェーダ哲学の影響のもと、その道を実践していきました。それは、悟りを得て真理を知っていく道、実践的な苦しみを取り除いていく道です。ブッダは、自分はいったい誰であるのか、という真理に出会うために、瞑想をしたのです。ブッダはその修行を通して、本当の自分、神と一体の存在になりました。そして多くの人の苦しみを取り除くために、真理への道をガイドし、布教活動を続けました。

ブッダは教祖というよりも、マスター（指導者・橋渡し役）なのです。マスターのことをグル（師匠）ともいいますが、ブッダは人々を精神的に高める指導をし、布教活動をしたグルというわけです。

そしてブッダが亡くなってからその真理の道は、多くの人を導きやすいように、わかりやすい形に変化していきました。「信じれば救われる」という大衆化された教えが信仰となり、ブッダは神格化されて神となりました。ブッダの語った言葉が経典となり、それを信じることが道となったのです。

実践する人々が教えを広めたキリストの生き方

キリストが生まれたのは、モーゼが説く十戒など道徳的な教えによって、人々がよりよい生き方ができるように、賢者が示していた時代でした。そんな中でキリストはよりいっそう、愛の道を説きました。

「右の頬を打たれたら、左の頬を差し出しなさい」「敵を愛しなさい」と。

人を責めるのではなく、大きな愛で魂を愛し、愛をもって生きていけば平和な世の中になるという教えを説いたのです。

キリストが愛を説くことができたのは、彼が深く神を愛し信仰心があったからです。さらに父なる神を愛し、神への愛と一体になった悟りを得たからだと思います。

やがてキリストは亡くなり、皆の犠牲になって十字架にかけられた行為を讃《たた》え、キリストをシンボルとして信仰し、心のよりどころとする人が増えました。彼らはキリストを信じることで悔い改め、生まれ変わって愛の人になることをめざします。キリストが実践した生き方を、教えとして広めていったのです。

仏教もキリスト教も、「神を信じる」ということで神とつながっています。そして神は目に見えないので、ブッダやキリストを神としてシンボル化し、信じる人たちが迷わないようにわかりやすい形にしています。そして、その修行は道徳的な教えが基本となっています。こうした教えを「顕《あらわ》れた教え」ということで顕教《けんきょう》といいます。ブッダもキリストも神と大衆をつなぐマスターでしたが、時代を経るにつれて神そのものになっていったのです。

あらゆるところに広がっているヒマラヤ秘教の恵み

ヨガ、瞑想、鍼灸……。ヒマラヤ秘教が生んだもの

瞑想、ヨガ、東洋哲学、鍼灸《しんきゅう》、カイロプラクティック、催眠術。どれも皆さんに馴染《なじ》みのあるものですが、実はこれらすべてが、ヒマラヤ秘教のヒマラヤシッダーヨガをルーツとしています。さらに、その教えはインドの伝統医学アーユル・ヴェーダにも影響を与えています。また、先にも紹介したように、何人もの中国の皇帝が不老長寿や不老不死を求めて、ヒマラヤの教えを探しまわりました。さらに、ヨーロッパでも近世にインド哲学の智慧に傾倒する人々が現れ、ドイツなどでは最新の科学を生み出す研究のヒントを得ていたのです。こうしてヒマラヤ秘教は、世界でさまざまな学問や文化に貢献しています。

瞑想というと、座禅を組む修行僧をイメージする人も多いでしょう。一般の人にも馴染

みのある言葉ですが、瞑想はもともとヒマラヤ聖者によって発見された修行のひとつです。ヒマラヤ秘教では古くから、神に出会い、真理を悟っていくために瞑想が行われてきました。

仏教において瞑想という言葉は「禅」を意味しますが、インドでは「ディャーナ」と発音します。インドの宗教から生まれ、仏教に瞑想が伝えられ、ブッダもそれを行い、その教えは中国に渡って禅那（ゼンナ）という、漢字が当てられ、そのうちに頭だけとって禅となりました。

日本人には、禅宗の修行姿が定着しているようです。「心を空っぽにする」という瞑想の目的は、禅もヒマラヤ秘教も似ているところがありますが、そのアプローチはずいぶん違います。禅は、じっと座って雑念を取り除いていきます。そこには神への橋渡し役がいないので、高次元のエネルギーとのコンタクトがありません。そのため、すぐには変容が起きないのではないでしょうか。ただ座るという修行です。どっしりした印象があります。

ヒマラヤ秘教の瞑想は心の汚れや曇りが溶かされるので、エネルギーの変容が速く、意識が進化し、思いがなくなり心身が軽やかになります。修行が進むとまさに体が軽く、空中を歩くような感じです。

ヨガとは神と一体になっていく修行

日本では、ヨガというと心身の健康法として知られていますが、本来ヨガとは「結ぶ」という意味の宇宙の真理を表す言葉です。すべては調和で結ばれ、バランスがとれています。そして、**宇宙のさまざまなものがバランスをとろうと活動しているのです。**ヨガの本質は、真理を悟ることです。源の存在と一体になって、神を知るのです。心と体を浄め、癒やし、本当の自分すなわち真理になり、神になっていくための実践の修行です。

ヒマラヤ秘教は本質のヨガ、真のヨガでもあります。それは段階を追って行うことで、物事の道理を理解していくことができます。

まず、心の思いや体の行為、感覚の執着をコントロールします。そして、迷いをなくして心を尊いものに向け、精神を統一します。瞑想行を行い、心を知り体を知り、さらに本当の自分に出会っていきます。いらないものを落としていき、心を空っぽにしていきます。無念無想になっていきます。真理と一体になるサマディに没入していきます。

前述のようにヨガというとアーサナというポーズをするヨガや、呼吸法のヨガが一般的ですが、それは体のヨガであり、ヨガのほんの一部に過ぎません。究極のサマディを知らないと、ヨガの修行の意味が何なのかよくわかりません。もちろん血行がよくなり、神経のバランスがよくなり、体調もよくなるわけですが。また、動物の動きをまねた不思議な形をするという部分が目立ちますが、それもヨガのごく一部です。

その深い調和を起こすには、すべてのバランスをとります。ヒマラヤ秘教は、サマディの智慧とパワーを直接シェアして人々を導くため最速で調和がとれていくのです。「身心一如《しんじんいちにょ》」という言葉がありますが、これは心と体が一体になることです。このような状態では、すべての物事がうまくいきます。神秘の力を引き出すのです。一方、心と体がバラバラではバランスが悪く、心も乱れて何をやってもよい結果が出ません。

そして大きな宇宙的なバランス、つまり最高のバランスは、信じるその心の汚れや執着がとれたときにあります。さらには心がなくなったときに訪れます。ヨガによって心と体を浄めていき、さらにそれを超えて、神と一体になって宇宙の調和がはかられるのです。

さまざまな種類があるヨガ

ここでもう少し、ヨガの解説をします。

悟りを開くための方法やアプローチの違いにより、ヨガにはいくつもの流派があります。

ハタヨガは科学的、実践的にエネルギーのバランスをとって悟るヨガです。体の中に「ハ」という陽のエネルギーと「タ」という陰のエネルギーがあり、二つが陰陽のバランスをとり、精神統一体になって神の力が働くように、生命力が躍動するように調和をはかっていく教えです。

この修行は、頑張って無駄に体を動かしすぎているところがあります。また、頑張りすぎることで、心が強くなり、エゴも強くなる傾向にあるのではないでしょうか。人間は訓練をすればあそこまで柔らかくなるのかと感心もしますが、もともとの体質で体がとても柔らかい人もいます。

バクティヨガは、愛と奉仕、神とマスターへのサレンダーを通して心身を浄め、愛そのものとなって神に出会い、さらに神と一体になっていきます。インドでは90％以上の方が、この神への信仰の道を行っています。この人たちは、体のことにはとらわれません。すべて神からいただいたカルマなので、そのままを受け入れています。根本のところでサレンダーしていて愛が溢れるやさしい気持ちになる修行です。

ギヤンヨガは、哲学のヨガと呼ばれます。智慧を学んで理解をして、真理を悟っていきます。「心は執着である」「真理とは何か」など、さまざまに智慧を磨いていきます。頭を使う人の道であり、体にとらわれず、理屈っぽいところがあります。心の思い込みでわかった感じがするようであり、実際はわかったかわからないのか、微妙であると思います。

クンダリーニヨガは、エネルギーを強めて開発し、それを超えて本当の自分になり、超能力と悟りを得るヨガです。さらに、内側の修行です。ただし、修行を間違えると人格を破たんさせる危険性もあります。

このほか、気づきを通して悟るラージャヨガは、「智慧のヨガ」です。科学的な心身のテクニックを通して悟るクリヤヨガは、エネルギーを浄めます。愛と尊敬、信頼とサレンダー（帰依）を通してパワーを得て悟るグルヨガもあります。グルヨガは、サレンダーの心でマスターからパワーをいただきます。

まだまだたくさんのヨガがあります。それらの中で、私がお伝えしたいヨガは、すべてのヨガのルーツとされる、公開されていないヒマラヤのヨガです。すべてのヨガのルーツであるわけですから、ヨガのいいところはすべて入っていて、統合されています。

心身をコントロールし死さえも超えて、真理に達する最高の実践の教えです。サマディへ向かい、真理を知るためのヨガなのです。

ヒマラヤで起きた奇跡

ヒマラヤは修行者の憧れの聖地

ヒマラヤと呼ばれる地域は、インド、ネパール、チベット、パキスタン、ブータンにまたがる広大なエリアです。8千メートル級の険しい峰々が連なり、気候も風土も厳しい地域があります。私が初めて訪れた50年前に比べて、現在はアクセスもだいぶよくなりましたが、今でも容易に人を寄せつけない秘境が存在します。

ヒマラヤにはバドリナート、ケダルナート、ガンゴトリー、ヤムナートという四つの聖地があり、インドの人たちはここへ巡礼をします。

インドにはサドゥと呼ばれる約2千万人の出家修行者がいます。彼らにとってヒマラヤは聖なる場所のひとつで、そこで修行することに憧れをもっているといってもいいでしょう。それくらい自分を高めてくれる場所であることを知っているのです。紀元前の時代には、ブッダも出家してヒマラヤのふもとの地域で修行に入り、その教えをもとに仏教を開きました。

何よりヒマラヤでの修行が特別なのは、**過去何千年もの間に、多くの聖者がそこで修行し、今なおヒマラヤ聖者がそこにいてサマディに入り、そのエネルギーがあちらこちらに蓄積されていることです。**しかし、彼らの姿は見えませんし、それを感じることができるのはそうしたセンスをもった方々だけなのです。

現に今もヒマラヤの奥地には、真理を求めて籠もって修行する人たちがいます。彼らはヒマラヤ聖者の中で、サマディを成し遂げた人々でシッダーマスターと呼ばれ、ほとんど下界には下りてきません。社会との接触も少なく、ケーブと呼ばれる洞窟や石窟の中などで、何十年、何百年も深いサマディに入っている聖者もいます。

パイロットババジとの出会いからヒマラヤでの修行へ

ヒマラヤの教えと私を最初に結びつけたのはヨガです。

私はあまり体が丈夫なほうではなかったので、十代の頃からヨガを実践していました。

そして1972年にはヨガ教室を開き、本格的にヨガの指導を始めました。

同時に70年代から80年代にかけてインドや中国、アメリカ、ヨーロッパなどへ出かけ、ヒーリング、心理療法、瞑想、精神世界などの研究も続けていました。とくにインドはよく訪れ、現地の道場をめぐるなどしてヨガの学びを高めていきました。そうしたさまざまな体験を通して感じ始めたのは、ヨガと瞑想のルーツで、その奥義が伝わるヒマラヤ秘教にこそ、私の求める真理があるのではということでした。

そんな私に大きな転機が訪れたのは、1984年のことです。

当時、あるテレビ局がヒマラヤのシッダーマスターである、パイロットババジを日本に招くことになりました。その際、この業界で多少は名が知られていた私に、番組の手伝いをしてほしいという依頼があったのです。

来日したパイロットババジは、アンダーグラウンドサマディを行いました。これは地面に掘った地下窟で、心身を浄化し源の存在、神と一体となって神となる修行、究極のサマディに没入するというものです。その結果、呼吸や心臓などの生命活動がいっさい止まって、生と死を超えて神とひとつになって復活する修行です。

地下窟の上にはトタンやシートをかけ、さらに土を厚く盛って空気の出入り口をなくします。酸素も飲食物も一切ない中で、神と一体となった究極の意識状態に没入し、神の存在となって4日間を過ごし、その後に神の意識のまま復活するのです。

多くのヨガの修行の中で最高のステージとされていますが、それだけに最も過酷にして困難で、命を落とす人もいるほど危険を伴います。

このサマディを行った人はシッダーマスター、偉大な聖者として尊ばれ、そのエネルギーは地球の磁場や人々を浄め、癒やし、幸福にするとされます。それは多くのインドの出家修行者の憧れでもあります。

おもに世界平和のためにこうした公開サマディは行われ、インドでは復活した大聖者からのアヌグラハ（神の恩寵が放たれること）を受けようと、数十万人もの人々が各地から集まります。

パイロットババジは、初対面の私にテレビ番組を収録した後、「ヒマラヤへ来て修行をしてはどうか」と、言葉をかけてくれました。パイロットババジは、私が稀有《けう》なカルマの持ち主であると直感して、声をかけたのだそうです。

それまでもヒマラヤの入り口までは何度か訪ねていましたが、奥地へ女性がひとりで入るのは危険だと、まわりに止められていたのです。これはまさに千載一遇のチャンスでした。そこで私は、すべてを手放す覚悟でヒマラヤへと向かったのです。

究極の悟りといわれるサマディを体験する

1985年の5月、初めて私はヒマラヤの奥地へ足を踏み入れました。そこはピンダリーグレイシャという秘境で、けもの道をたどって数々の山を越え、5日間ひたすら歩き続けてたどり着くような場所です。ここには偉大な聖者が瞑想をした秘密の洞窟がたくさんあり、私も藁《わら》が敷きつめられた洞窟で、しばらく瞑想修行をしました。

このときから私のヒマラヤでの修行が始まりました。日本と行き来しながらヒマラヤの各地で苦行をして、何人かの大聖者にも会って助けをいただきました。

そんなある日、それはパイロットババジが建てた小さな寺院でのことです。その入り口に座って、私はサマディの修行を始めました。そのときの意識を文章にするのは難しいのですが、私のすべてのエネルギーがひとつになって昇っていき、やがて全体の調和がとれて、神経のシステムがひとつになりました。

そこでは体もなく、感覚もなく、すべてが溶けたようになり、静かで深い平和が現れました。これが初めてサマディに達したときの感覚です。心と体を超え、死を超える体験をしたのです。それはわずか数分の感覚でしたが、実際には4日が過ぎていました。

私はこうしてサマディが成就した後も、十数年にわたってチベット、ネパール、ラダックのほか、ヒマラヤのガンゴトリー、バドリナート、ケダルナート、ゴムーク、タッポバンなどのスピリチュアルな場所で、サマディ修行を行ってきました。

それは年を経るごとに充実したものとなっていき、何度もサマディの境地へ到達することで、本当の自分へ還ることができました。そして私は、サマディに達した聖者・シッダーマスターとなりました。さらに、女性で初めてのシッダーマスターの称号と、ヨガの偉大な母という意味の「ヨグマタ」という尊称をインド政府からいただくこともできました。

そして、パイロットババジの師匠（マスター）であるハリババジやパイロットババジをはじめとする、偉大なるヒマラヤ大聖者からも認められ、ヒマラヤ秘教の正統な継承者のひとりになれたのです。

偉大なるヒマラヤ大聖者、ハリババジとの出会い

こうしたヒマラヤ通いの中でも、ハリババジとの出会いは大きな転機でした。

ハリババジは、インドでは有名な大聖者です。インド各地を30年間も旅をしながらサマ

ディなどを行って人々を助け、その後は45年以上もヒマラヤで修行を続けていました。ハリババジの師匠は、オッタルババジという有名な大聖者です。ハリババジは「ここにとどまるように」というその師の言葉を守り、45年間もヒマラヤにとどまっていました。

ハリババジは初対面の私を温かく迎えてくれ、平和と愛について説いてくれました。そして「特別な過去生からのカルマにより、神の恩恵を受けられるものがいる。あなたはそのひとりである」と言ってくださいました。

そして私はハリババジからのディクシャにより、神聖なパワーや愛をいただきました。さらに、浄化、パワー、秘法の伝授の儀式などもいただきました。このときから、自分が以前の自分とは違うと感じるようになりました。それほど次元の高いエネルギーをいただいたのだと思います。

ヒマラヤの大聖者、シッダーマスターからこうして直接のディクシャを受けられることは、実は幸運なことなのです。こちらがいくら望んでも、受ける資格が認められなければいただくことはできません。私はその奇跡のような機会を与えていただけたのです。これも私が過去生からのよいカルマをもっていたおかげだと、今も深く感謝しています。

私はいつまでもヒマラヤで瞑想し、修行を続けるつもりでいましたが、ある日ハリババジから「日本へ行って真理と平和を伝え、多くの人々を苦しみから救いなさい」という言葉をいただきました。ありがたさで胸がいっぱいになると同時に、私にそんな資格があるのか、という不安もありました。

しかし、それから今日までの長い間、このハリババジの思いに導かれ、励まされ、支えられてきました。20年にわたって毎年1回、インド各地で公開のアンダーグラウンドサマディを行ったこと、世界各地でヒマラヤの教えをシェアしてきたこと、これらはすべてハリババジのあの日の言葉が原動力になっているのです。

ヒマラヤの教えをシェアする理由

とめどない欲望は心がつくり出す

豊かさを享受しているように見える日本社会ですが、大震災や原発事故を経験し、大規模な自然災害が頻発しています。そして自己中心の欲望や執着にかられた悲惨な事件が後を絶ちません。人々の心が目に見えない不安でいっぱいになり、大きく波立っているのがわかります。日本の現状を目の当たりにすると、ハリババジからいただいた「人々の心を平穏にし、意識を高め、平和で愛に満ちた世界にする」という、私の使命をあらたに感じています。

私たちの心はさまざまなものを必要として、欲望によってそれらを集めようとします。のどが渇けば飲み物を、おなかがすけば食べ物を手に入れようとします。必要に応じて自分を満たすために行動します。対象の違いはありますが、欲望が行動のきっかけになることは同じです。

こうして私たちは心を発達させ、能力を向上させ、より便利なものをつくり出してきました。やがては自分の手や足、目、耳に代わるものまでつくり出し、この文明社会が築かれ、豊かな社会がつくられてきたのです。それはそれでいいことです。しかし、現代は欲望の度合いが過ぎている部分があることも事実です。

本当に必要なものだけではなく、あれも欲しい、これも欲しいと、心のままに欲求を満たそうとする人が多くなっています。お金はもちろん、瀟洒《しょうしゃ》な家、素敵な服、おいしい食べ物、仕事での成功や出世、地位や名誉、幸福な結婚と家庭、人と同じように幸せになりたい、いや、それ以上のものが欲しい……。欲望はいつしか執着となり、それが高じて人を傷つけたり、人のものを奪う人もいます。

そのような社会の中で、素敵で、便利で、購買意欲をかき立てるものをつくり出して提供し続ける人々や企業があります。その競争は、まわり続けていなければ倒れてしまう車輪そのものです。その渦の中に入ったならば、もう抜けることはできません。あの手この手と、皆が欲しがるものをつくり続けていきます。それを見ている人たちは踊らされて、つねに欲望をくすぐられているのです。
そうしたゲームから、いつかはドロップアウトして、真理の安らぎに向かい、本当の自分を思い出していただきたいのです。

跳ねまわる心は、本当の自分でつなぎとめる

人の心には、つねに、何かをくっつけて満足する習性があります。それは欲望です。カルマによって次から次へと欲望が湧き上がり、同時に心も休むことなく動き続けています。それはまるでコロコロとあちらこちら飛びまわり、欲望に翻弄され、感覚に翻弄され、片時もひと所にとどまりません。あるときは望みが叶い喜び、また違うものを求めます。あるときは叶わずに落ち込み、また違う欲望が生まれます。**心の思いに翻弄されていきます。**

こうした果てしない欲望に抑制をかけ、消耗し続けている心を落ち着かせるにはどうすればいいのでしょうか。ひとつには**動きまわる心（意識）をひとつの場所につなぎとめ、そこに集中していくという練習をすることです。**

心をつなぎとめるためには、欲望を促すような対象ではなく、それをすれば心が安らぐものを自分の中心に据えなくてはなりません。これはなかなか難しいことです。たとえば

あなたが好きな仕事に専念しているときも、たしかに心はつなぎとめられていますが、仕事は新たな欲望を生み出す対象であり、心安らぐものではありません。

穏やかで静かな心の状態をつくれるもの、それは本当の自分との出会いです。自分の中にある源の存在へ還ることです。ヒマラヤの恩恵を受けて神につながることで、心は静かに落ち着き、欲望が心から落ちていきます。

私がヒマラヤの教えをシェアするのも、動き続け、消耗し続ける人々の心を、欲望や執着から解放するためです。それができるのがヒマラヤ秘教の恩恵なのです。同時に積極的に心を浄化して空っぽにするために、ヒマラヤ秘教のさまざまな秘法があるのです。

心が安らぐ場は自分の中にある

人はいろいろなことに心を使いすぎています。そのためエネルギーを消耗し、ストレスを感じます。そんな疲弊した状態ではよいアイデアも浮かびませんし、イライラして人にあたったり、攻撃したくなったりします。また、悪いことを考えたり、荒《すさ》んだ気持ちになったりしやすいものです。

また、人は自分の体験だけを頼りにさまざまな判断をして生きています。**しかし、それ**

はごく狭い範囲でしか世界を見ていないことになります。それは偏った考え方であり、自分の価値観に翻弄された見方ということもできます。そうした考えのもとでつくられたものはどうしてもアンバランスで、セルフィッシュ（自己中心的）なものになりがちです。このような心の疲れや偏りを解消してくれるのが、ヒマラヤの恩恵なのです。

私たちの体の奥深いところには静寂があります。私たちはそこから生まれてきました。そこには愛があり、智慧があり、平和があります。そこへ還ることは、神と一体になっていくことです。そのためにまず神につながります。それは信じることです。そこから自分の源へ還ることです。日々信頼で源につながり、そこからの愛によって、欲望に振りまわされる心から解放されます。

私たちは自分の力で生まれてきたわけではなく、創造の源の大きな力によって、この世に送られてきました。その力につながり、その声を聞いて生きていくのが本来の姿です。それを忘れて心の声や欲望によって生きているので、どんどんバランスを崩していく生き方になっています。そこには豊かさもありますが、病気がはびこり、争いが起きる、そうしたマイナスの部分もたくさん出てきてしまいました。

バランスをとり、源の力に一人ひとりをつなげ、それを信頼し、愛を盛り込む。そうした生き方を個々人がしていくことにより、社会はよりいっそう、調和がはかられ、さまざまな考え方が生かされた社会になっていきます。

私は日本を、世界をそういうものにしていきたい、そんな願いをもってヒマラヤの恩恵をシェアしています。

信じることで、神の祝福が一気に起こる

悪いカルマを積まない心の使い方

ヒマラヤ秘教では、最初に「不殺生《ふせっしょう》」という心の使い方を決意します。不殺生ですから、人を傷つけず、自分も傷つけず、暴力的なことはいっさいありません。不殺生の心は、さらに自分を愛し、まわりの人を愛し、深く感謝することです。

そして、自分の源にある、本当の自分を愛します。それは神の分神（身）でもあるので、神を愛することにもなります。これは、教えられてもすぐにできることではありません。

しかし、そうした生き方が悪いカルマを積まず、感覚や心を浄め、心に平和を広げて幸せへと導いてくれます。

ヒマラヤ秘教には、嘘をつかないという教えがあります。よく見せるために、真実では

ないものをつけ加えないことです。嘘を一度つくと、それを隠すためにさらなる嘘をつかなければなりません。嘘を重ねることで信頼が得られず、また自分自身も信じられなくなり、大変なことになるのではないでしょうか。

また、欲望を捨てるという教えもあります。それは、足ることを知り、満足を知るということです。

「あれが欲しい、これが欲しい」と心が思い続けていると、いつのまにか、人のものを盗むことにもなりかねません。そのようなことが起きないようにするためにも、自分がいかにいろいろなものをもっているかについて感謝します。自分がいかに恵まれているか、また、生かされていることの素晴らしさについて感謝したいものです。

そして最も大切なことは、神を信頼し、真理についてガイドし、智慧を授け、そこに向かう秘法を伝え、祝福を与えてくれる存在であるシッダーマスターを信頼することです。信頼によって祝福がいただけ、パワーと守りをいただけるのです。このシッダーマスターのエネルギーのシェアで、あなたのエネルギーは深いところから変えられ、あなたの心が根本から大きく変容することができます。

その信頼が深ければ、条件が整ったいつの日かに、まるでドミノ倒しのように、祝福が

一気に起きます。心が愛に満たされ、平和で満たされ、体が変容して、生まれ変わることができます。

そうした奇跡を、あなたは体験することができます。ヒマラヤ秘教のディクシャ（ヒマラヤ秘教の秘法や高次元のエネルギーを伝授する儀式）といわれる、本当に幸せになっていくための登竜門をくぐり、真理の道をぜひ歩み続けてください。そのガイドとなるアドバイスを、次の第5章で紹介させていただきます。

ヒマラヤ秘教のことば❹

● アンダーグラウンドサマディ

地下で行う、神と一体になるサマディに没入すること。完全に密閉され、水、食物、十分な空気もない神聖な地下窟で行われる。

● 公開サマディ

公の場でサマディを行うこと。本来サマディは公衆の面前で行われないが、悟りというものが本当に存在するということを示し、人々への愛と平和とパワーと智慧を分かち合うために人々の前で行う。
ヨグマタの行う公開サマディは、アンダーグラウンドサマディ。完全に密閉された神聖な地下窟に72～96時間とどまり、究極のサマディに没入する。数あるヨガの中でも、最も困難な行であり、古来、真の悟りの証明とされている。

● マスター

精神的な指導者、橋渡し役のこと。グル（師）ともいう。

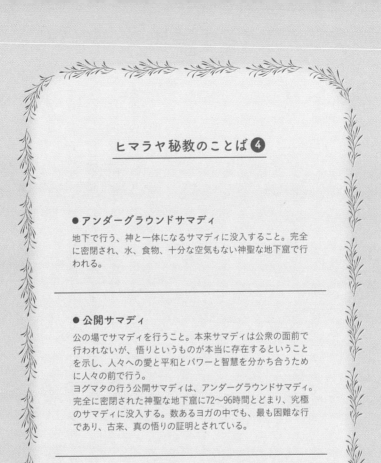

第5章

本当の自分を生きる

心の「癖」と別れる

執着が物事を複雑にする

本章では、心やカルマから解放され、より楽に、よりよく生きるための術を紹介します。あわせて、ヒマラヤ秘教の修行について触れてみたいと思います。

人は幸せを求めて生きています。そのために欲しいものを求め続け、そのときどきに満足を得てきました。不足を感じるとそれを満たそうと欲望が起こり、その欲望により行為が起こり、行為によって欲望が実現され、もともとの原因であった不足が補われます。

また、求めても得られないと苦しみを感じ、手に入った物や事柄に対しては失いたくない苦しみが生じます。物に依存している人は使わないものであっても、必死に抱え込んでいないと気がすまないのです。そして、それが幸せだと思っています。これこそがまさに執着であり、こだわりです。そしてカルマでもあるのです。

心は、あれが欲しい、これが欲しいと求め続けます。その欲望には限りがありません。心は磁石のように、一度そこにスイッチが入ると、それと同じものを繰り返し求め続けるのです。輪廻の輪をつくり、まわり続けています。言い換えれば、繰り返す心の機能があることで、生き続けることができるのです。飢えないためにです。そして、心の欲望はネットワークをつくり、触手を伸ばして増殖をし続けてもいます。その体験は、おそれから出発しています。何かが不足することをおそれて求め続けます。

まるで、ずっとおなかがすいているような状況です。豊かさを求め続けるあまり、今を味わわないのです。自分がいかに満ちているか、冷静になって味わう時間もないのです。方向転換できないままに求め続けます。執着が強くなればなるほど、やることも、気をつかうことも増えます。生活が不必要に複雑になっていきます。

「あるがまま」を受け入れると、力が湧く

欲望というのは、どんどん膨らんでいくものです。もっと便利で、楽なもの、品質のよいものを追求し、それを手に入れても、さらによいものへと目移りしていきます。人はつ

ねに不足ばかりを探していて、不満な心になります。

一度冷静になって自分がもっているもの、素晴らしいものをもっていることを見直してみましょう。今を見直すのです。相手のもっているものをうらやましく思い、欲しいと思うのではなく、自分の足元を再点検してみるのです。

インドのヴェーダや仏教の教えに、「下を見て満足する」というものがあります。これは「この世界で人間に生まれることは稀有なことで、動物でなくてよかった」ということです。人間であればこそ、自分で自分の道を切り開くことができるのです。それなのに、上ばかりを見て不満や不足を嘆く人は、心のもち方を変えていかなくてはなりません。満足を知ることで、心に不平不満がなくなります。

私たちの中にすべてが満ちた存在があります。そこにコンタクトをしていけば、いろいろなことが明らかになり、安心して今にいることができます。つまり、**すべてを創り出す源に還り、すべてが満ちているのだという体験があって、今にいることの尊さがわかります。**そして満ちることができるのです。ただあるがまま、ハッピーになるのです。本当の自分になったとき、そこにすべてがあるとわかります。そうした満足の心で見ると、私の追い求めているものはイリュージョンであると気づき、わかったと理解するでしょう。

心を超えていく生き方

生きることを進化させる

心から自由になるために、心をいかに使うかという導きがあります。人を助けることは、最も美しい行為です。人が心に翻弄されて苦しんでいるとき、楽にさせてあげると、魂が喜びます。人を幸せにできることは、素晴らしいカルマとなります。人は何で苦しんでいるのでしょうか。人間関係、仕事、お金など、さまざまな問題で悩んでいることでしょう。それが解決したとしても、また次の問題がやってきて、苦しみがなくなることはありません。心を満足させたとしても、その満足は長続きしないのです。

人には、大きく分けて二つの生き方があります。まず自分のために生きる生き方。もうひとつは、人のために生きる生き方です。

　自分のために生きる生き方の人は、自分の欲望を満足させるために生きます。欲望の中でも、とくに食欲が強いのは、一生懸命に食べることに精を出さないと飢え死にしてしまうからです。自分のために生きる人は、生理的にもそのようにつくられています。

　一方、人のために生きる例として母親の生き方を見てみましょう。子どもを育て、それを楽しみに生きています。子どもに与え、子どもを守るように本能が働いています。それは人間のみならず、動物においてもそのような生き方をするものが多いようです。

　母親の多くは、慈愛をもって子どもに接し、子どもの幸せを願います。その母親の生き方を、大きく広げていくという方法もあります。修行をしていないと、そのような生き方をしても、救うことができるのはまわりのほんの2、3人かもしれません。はじめは、それでいいのです。そうして、人を助ける生き方をするようになると、何かのきっかけで、必ず修行をする人になります。さらに内側への修行をしていくことによって、神の奇跡を引き出し、慈愛の人になっていくでしょう。

　愛を与え、愛を返します。それが、自分のために生きていた人にとっては、それまでとは違った調和のとれた生き方になります。自分が、自分が、というように、自己防衛に生きるのではなく、差し出すこともある生き方になったのです。差し出したときは、自分のものは減るわけですが、それは必ず返ってきます。愛を与え愛が返ってくる、思いやりを与え思いやりが返ってくる。そのことが、魂を浄化してくれます。人と人との関係でよくなり、調和がもたらされます。

よい心でも、とらわれていると人に迷惑をかける存在になる

心の進化を遂げている人は、人のために生きたいと願い、人のために生きる行動をとっていきます。自分の幸せのみではなく、人が幸せになることを喜びます。

それは与える心です。よい心です。しかしいまだ自分という「我《が》」があると、そのエゴのこだわりで「我」を通す行為になります。それは双方にとって不幸なことになります。心（マインド）で頑張った結果、相手によかれと思ったことを自分勝手な価値判断で行ってしまうからです。

つまり、魂が喜ばないことを行っているのです。また、自分の体も心も使い過ぎて疲れ、エネルギーの消耗で疲労困憊することになるかもしれません。

人は、「よいことをしている自分はよい人だ、優れている」と思い込むことでバランスを

とっています。しかし、その心は変わっていく存在です。心は何かあるとすぐに「揺れる心」となって苦しみを増します。

では、どうしたらいいのでしょうか。どのようによい心であっても、その心にとらわれないようにしなければなりません。「私はいいことをしている」という心にとらわれると、心に翻弄されます。相手が基準になるのではなく、自分の快感が基準になってしまいます。何があなたをそれほどまでに頑張らせているのか？　「本当の愛から生まれたことなのか」「よく思われたい、人に認めてもらいたいという気持ちからなのか」よく見極める必要があります。

慈愛から生まれたかのような言動が、エゴの愛の欲求から生まれていることは、実際にはよくあることです。そうしたことに気づいて受け入れることで何かが変わっていくでしょう。そして、そのこだわりを超えられるのです。

そして、本当によいことは、**あなたの魂が喜ぶことです。**その行為をしていて気持ちがいいことです。人の魂も解放されます。人を助けるよい行為は、あなたの魂がきれいになります。無償の愛の修行です。

あなたが、それがよくできるようになるためには、もっと自分を信頼し愛することです。

そうすることが魂の喜びとなるのです。真理に出会う道を歩んでいくことができたなら、その人生は、苦しみから解放されます。心と体をよりクリエイティブに生かして、人生をより豊かに生きることができるのです。

そして、魂が浄化され、死も怖くなく、美しい将来も約束されるのです。あなたは自分を愛し、神を愛し、魂を浄める道を歩む生き方ができるのです。まわりの人もそれを感じ、そのようにし合う生き方になっていくのです。それはエゴを落とし、世界が平和に、クリエイティブになる生き方です。

依存する幸せは心を疲れさせる

私たちはカルマを抱え、またカルマの願いでさらに何かを集めたりして心を満足させる行為を続けています。それは一方で科学を発達させ、社会に便利さと豊かさをもたらしました。しかし、心のこだわりは拡大し、その欲望の増殖はいっこうに内なる満足を見せません。

次から次へと欲望を満たすために、さまざまなものを集める生き方をしています。それは心を満足させ、感覚を喜ばせるのみの幸せの道です。物を抱えることで得た幸せがいつか失われるのではないか、手に入れたものが誰かに奪われるのではないかと、つねに不安がつきまといます。

たとえば、あなたが好きな人と一緒にいるとします。その相手が永遠に愛してくれればいいのですが、違うタイプの素敵な人が現れて心変わりするかもしれません。人は今が幸せであればあるほど、もしこの幸せが失われたらと、想像するものです。そして不安を抱き、神経をすり減らしてしまいます。

また、どうしても欲しいものが手に入らなければ、それに代わるものに執着していきます。これはつねに何かに依存することで心のバランスが保たれているため、執着をひとつとるとその穴埋めをしなければならないからです。たとえば、タバコを吸う癖をとったとしても、今度はガムを噛むなど、ほかのことでバランスをとらないと心が宙ぶらりんの状態になり、不安な気持ちになるのです。恋愛依存症やアルコール依存症という言葉を耳にしますが、これらはみな外側のものに強く依存する心が生み出します。

異性やお酒に依存して時間やお金をかけ、心を消耗することで自分を成立させています。こうした偏った心から執着をとってしまうと、かえってアンバランスになり穴埋めが必要になるでしょう。

単にテクニックやセミナーで補おうとしても、かえって「自己啓発迷子」や「スピリチュアル迷子」になってしまいます。それではいつまでたっても本当の解決にはならず、真理に出会う手立てをなくしてしまいます。

内側を豊かにすれば依存が消えていく

心は、自分の外側へ依存する喜びに幸せを求めています。そして、ふりまわされています。

あなたの求めているものは、永遠のものではありません。心を疲れさせ、生命エネルギーを消耗させるばかりです。それは何か大事なことを忘れている生き方なのです。

こうした生き方は、真理を知らない、争いのもとになる生き方といえます。もうそろそろこの生き方から目覚め、意識を覚醒させ、気づきをもって生き始めましょう。しかし、気をつけなければならないこともあります。まわりの人たちの混乱した生き方、無知の生き方に気づくことで社会を責めたり、自分を責めたり、人を責めることです。そこには大きな理解と許しが必要です。とらわれない心が必要です。あまりに純粋すぎると、この世界が苦しく生きていくことができなくなります。

つねに信じる心を養いましょう。意識が覚醒すれば、自分は自分の人生を思いのままに構築できるのです。不安や恐れから物に依存するのではなく、自分を信じて、神を信じて、真理を信じれば、自由に成長できるのです。

人が成長できるシステムをつくられた神とつながっていくことです。神の純粋性をあなたの中に満たしていくことです。ただ、物を集め、それに依存するのではなく、自然の法則を知っていきます。そこに、精神性の豊かさを入れていきます。

さらには本当の自分に出会っていきます。その体験から生まれるあなたの変容は、誰も奪うことができません。そして永遠にあなたの奥深くで灯り続け、あなたを支える宝物になります。

宇宙のバランスの中で、自然に、身軽に生きる

心を使っていると、心を超えられない

ここまで、心によって湧き上がる欲望や執着、依存について、それらがひとつの幻であることをお話ししてきました。しかし、私たちがいただいた心や体は、本来素晴らしい機能をもっています。ただ、それをどう使ったらいいのか、なんら説明書がありません。仕方がないので、子どものときから人のふりを見て、そのまねをして行動してきました。

ヒマラヤ秘教の教えは、サマディから生まれた智慧です。この心身の仕組みをつくった神の意識からのガイドです。そこには愛が盛り込まれています。愛のある生き方です。それをお伝えする前に、そうしたことを知らない心のあり方を見ておきましょう。

私たちは、過去生から、ずっと心を使い、さまざまな欲求を満たして生きてきました。

感覚は、つねに外側の情報を集め、それにしたがって心が動き、欲望が湧き上がり、行為を行います。こうしたサイクルは、ずっと続いていきます。もちろん必要があり、生きるためにそうなっています。

眠っているときの心は、どうでしょうか。眠っていても内側で働いています。昼間の刺激を受けて、印象に残る刺激から想像が膨らんで、夢となってさまざまな処理をしています。表面的には周囲との調和をはかっていても、心は我慢して、エゴが苦しんでいます。そのぎりぎりの状態を夢にして、処理することもあります。夢を思い起こすと、気づきが深まり深層心理がわかるのは、そのためです。

潜在意識を浄化する

心には表面の心、つまり顕在意識と、もうひとつ押し込められた潜在意識の心があります。**潜在意識を浄めることで、運命が変わってきます。**それがヒマラヤ秘教の恩恵です。ディクシャによって神につながること、それは**純粋な意識**につながることです。そして、サマディ瞑想やその他の瞑想を実践することで、意識が覚醒されていきます。抑圧されたエネルギーが溶けて浮き上がり、浄化されていきます。

それは、心を超えた純粋な意識です。潜在意識を浄化していくと、それを見ている純粋な意識が覚醒してきます。

また心は、つねに幸福を選択しようとはしているのですが、その幸福が「みんなの幸福」でないことが多いのです。自分を少しでも守り、競争に勝つための、自分のみの幸福。セルフィッシュな幸福の追求になってしまっています。

それは知らずしらずのうちにカルマを積み、人を傷つけ、自分を傷つけてしまうこともあります。

ヒマラヤの恩恵は、そうしたおそれから解放し、大きな意識をもたせます。おそれや執着の心も浄化します。智慧によってそれを見ると、その矛盾が明らかになり、自然に愛が溢れ、溶かされていきます。

そして目からうろこが落ちるように、心の縛りが外されます。ふつうでは見えない心の執着や働きが外れていきます。

そのプロセスは気づきの連続で、あなたは豊かな智慧の人になっていくことができます。それが、心を超えていくという生き方です。

すべては自分の心の投影

私たちが外の現象を見るときは、自分の心を投影して見ています。自分の心が暗く濁っていると、外のできごとも暗く見えます。自分の心が否定的であると、外の現象も否定的に見えます。

暗く否定的なものは、怖く、嫌なものです。そのようなものばかりが見えると、生きているのが大変苦しくなります。

仏教に苦娑婆《くしゃば》という言葉があります。世の中は苦しいものに満ちているという意味です。たしかに日頃から私たちは、自己防衛をしながら生きています。そのやりとりにはつねに計算があり、探りがあり、駆け引きがあります。上か下か、いいか悪いか、きれいか汚いか、金持ちか貧乏か、早いか遅いか、優秀か愚鈍かの比較をしています。そこには安心や嫉妬、さまざまな感情が湧き上がることでしょう。

それこそが、苦娑婆の世の中です。心がつくり出している世界です。人の心がつくり出す苦しいものに満ちている世の中を、ほとんどの人は、甘んじて受け入れるしかありません。自分ひとりの力では、どうすることもできないと思うからです。そのことがわかると、さらに苦しみが増します。

自分ひとりの力では、苦娑婆を変えることはできず、今、苦娑婆で喘《あえ》いでいる人を助けることもできない。そういう中で、自分ひとりだけが幸せになることなど、とてもできない。そのように、幸せを否定する気持ちが出てくる人もいるでしょう。

そうなってしまうと、地獄の扉を開いたようなものです。あとは、生きていることが地獄になるような日々にまっしぐら、ということになりかねません。

そうなる前に、もう一度、苦娑婆をよく見てください。苦娑婆は、苦娑婆でしかありませんか？　よく見てください。苦娑婆と見えるのは、**心がジャッジしてそう見ているからではありませんか？**　そう見えるあなたの心の中に、実は苦娑婆があるからなのかもしれません。

本当に純粋な目で世の中を見れば、苦娑婆などはないはずです。そこには、日々を励んでいる人々の、ただ生きる姿のみが見えてきます。苦娑婆とは、見る人が勝手な思い込みで色づけしている幻想にすぎません。

仏教でいう苦娑婆の真意も、実はそこにあります。通常の曇った目に見える四苦八苦の娑婆だけが世界ではありません。滅びない永遠の存在である神があり、それこそが真実の存在であるということです。その永遠の存在に気づくことに、私たちが生まれてきた意味もあります。

純粋な心で人を見る

私たちは、過去の体験や好き嫌いの感情を通して人や物事を見る癖があります。これは自分の思いで、見たいように見ているだけで、正しく対象を見ているわけではありません。こちらに恐怖心があれば、相手が怖い人に見えます。こちらの思い込みが相手から恐怖心を引き出し、同じものが返ってくるからです。

誰にでもよい面と悪い面があります。心にも肯定的な心と否定的な心があります。肯定の心だけをもっている人がいないように、１００％悪い心をもっているという人もいないのです。自分にとって肯定的なことが、相手にとって否定的になることがあるだけです。その逆もあります。心とは、そういうものです。

ですから、自分がよいものを出せば、相手もよいものを返してきて、よい関係になれます。皆、神から送られてきた素晴らしい人たちですから、心の奥に神聖さがあることを信頼してつき合えばいいのです。

自己防衛が強くて素直でない人や、少々意地悪に思える人もいるかもしれません。しかし、そうしたことに敏感になるより、**ニュートラルの位置にいるのがよいのです。**非難したり攻撃したりすれば、お互いさらに不信感を増大させて関係が悪くなります。

こちらからよい波動を出して「この人は私のことを信頼してくれている」と思ってもらえる関係を築くことです。そうした信頼は周囲も巻き込んで、皆の意識のレベルが高まっていくことになるでしょう。

自分の意識が変わることで、それまでぎくしゃくしていた関係が変わることがあります。ヒマラヤ秘教のディクシャを受けると、エネルギーが変わり、相手にニュートラルな愛のエネルギーが通じて、よい関係になるのです。

それは本人も気づかないくらい自然な形で起きます。そして、まわりも変わるのです。皆が親切になります。学校や職場、家庭、社会全体でそんな希望を与えるような、争いのない、皆が進化できる生活環境が整えば理想的です。

カルマがうごめく社会ですが、皆さんが純粋な意識に変わることで、自然と平和が出現します。なぜなら、**心を超えた深い集合意識のレベルでは、皆つながっているからです。**愛で通じ合うことで、平和になるのです。そこには神からの平和と愛が満ちています。たとえ、ひと握りの人だけであっても、宇宙の源につながって生きる世の中を進めていくことで、社会に平和が訪れるのです。

心にため込まず、解放する

宇宙は広大です。地球があり、太陽があり、さまざまな惑星が宇宙全体でバランスをとっています。地球に太陽の光が当たり、そこから地球が温まり、さまざまな生命が生まれました。そして植物が育ち、その植物を食べて動物が進化した結果、最高の知識と心の働きをもった人間が生まれました。

人間も地球上の生物のひとつですから、宇宙の中のバランスをつくっている存在です。宇宙の中に地球があり、地球の中で生きる人間も小さな宇宙です。ですから、人間も宇宙と調和して生きることが自然なのです。

太陽は、人間に命を与えている存在です。しかし、人間から何かを奪うことはありません。ただ与え続けるだけです。地球上でも、川はその水が大地を潤し、生命エネルギーを活性化させます。そして植物が育ち、太陽の恵みで光合成が行われて成長していきます。ここでも水は、ただ与える役目を担っています。そして、その植物も自分を捧げて、動物や昆虫がそれを食べることで生かされているわけです。

こうしてエネルギーがうまく循環し、自然のバランスがとられています。風によってタンポポの種が遠くへ運ばれて繁茂するような場合も、自然の力は与えるだけの役割をして何も奪いません。このような自然の姿から学び、人間も取り込むばかりではなく、自分から捧げていくことが必要です。心にため込むばかりでは、ますます神から遠くなり、生命エネルギーをどんどん消耗します。

人や神を信頼して、捧げていくことでいいものが必ず返ってきます。神につながり、神のパワーをいただけます。あなたが神につながり、相手を信頼してまわりを助け、まわりに与えると、それ以上にいろいろなものが返ってくるでしょう。それに伴って心は解放されます。

ヒマラヤの智慧は、自然から学び、「**もっと解放していく、捨てていく、そして純粋な自分に還っていく**」ことを伝えています。それは太陽のように、川の流れのように、風のように、火のように、自然に生きる道です。

カチカチに固まって生きるのではなく、悪いものは燃やしてすっきりさせ、執着せず、自由に、身軽に生きていきましょう。

自分を知る旅へ

いかに生きるか

インドのブラフマナという、司祭であり教師を職業とするカースト（身分）には、人生を四つに区切っていく生き方があります。

最初は「学業（生）期」といい、勉強して自分を探求する時間を過ごします。次の「婚生期」では、結婚生活をして人生や社会を学びます。子育てが終わると「林生期」という期間に入ります。森に住んで瞑想をし、自分を見つめる時間です。そして最後は自由な人になって、水戸黄門ではないですが、あちらこちらを行脚する「遊行期」を過ごします。

学び、さまざまな体験をして、やがて祈りの生活へ入る。インドでは最後に神のもとへ戻りたいという考えがあるので、ある程度の年齢になるとこうして祈りの生活に入ることが自然なのです。

これから少子高齢化社会に生きていく私たちも、ここから見習うべきことがあるように思います。文化や風土が違いますから、インドの人たちのようにストイックになるのは難しいでしょう。しかし、せめて普段の心がけとして、魂を浄め、真理に出会い、神のもとに戻るために善行を積み、祈りたいものです。そうした生き方を日常生活に無理なく溶け込ませることができれば、人生を有意義に有効に使うことができます。

人間力をつけて豊かな人生にする

人生を歩みながら、いかに豊かな生を営むかは、その人の「人間力」によるのではないでしょうか。人に与えることができ、誰からも愛され、人がまわりに集まる人は、人間力の豊かな人です。

よく定年退職後に奥様に邪魔にされるご主人がいると聞きます。仕事ばかりで家庭を顧みなかったとか、奥様をあまり大事にしなかったなど、よい夫婦関係を築いてこなかった結果です。まさに「カルマの法則」のわかりやすい一例のようです。これではいくら仕事ができて会社での評判がよくても、寂しい人生です。

もっと早い段階で、カルマを浄化し、カルマを自分でコントロールし、よいカルマを積むことで人間としての魅力を身につけるよう準備し、行動するべきでした。

年齢を重ねるにつれて、それまで理性で抑えていたことが我慢できなくなり、人に危害を与えたり、困らせたりする人の話をお聞きしました。これはまさに無知で、カルマが蓄積された姿です。

こうした例を見るまでもなく、私たちはできれば若いうちからよいカルマを積み、功徳を積んでいくことです。感謝する心や与える気持ちをもって神聖さを目覚めさせて、愛の人になりたいものです。これは日常生活の範囲でできる修行です。

神とつながれば、ひとりでいても、寂しくありません。**あなたの源は、あなたがつながらなければならない存在なのです。**それが魂の願いなのです。

積極的に神につながり、祈り、瞑想をすることで生命力も高まり、よい人生を歩むことができます。

内面からの幸せで満たされる

ふつうに暮らしながら修行する

インドには出家をして徹底的に真理を求める、というカルチャーがあります。自分のまわりにあるものは、どうせ死ぬときは捨てていくもの。だからこそ内側を浄めて本来の自分を知ることが、社会生活よりも重要だという考え方です。

しかし、文化の違う日本でそうした考えに同調する人は少ないでしょう。ですから私は皆さんに出家や苦行をすすめているわけではありません。日々の暮らしに少し瞑想の時間を加えることが、心を自由にし、苦しみから解放し、悟りを開く修行になることをお知らせしたいのです。

ごくふつうに社会生活をしながら、内側を浄めて神につながっていただきたいのです。

本格的な出家ではなく仮出家です。

誰もがいつかは死んでいく存在です。そのときは、あなたが一生をかけて、汲々《きゅうきゅう》としてすべてを犠牲にして集めたものは、何ももっていくことはできません。一方、今生で新たに積んだカルマは、死んでも来生へもっていくことになります。

しかし、気づきを養い、ヒマラヤの恵みによって浄められた魂は、あなたによりよい未来と来生を約束します。意識のレベルが高くなり、自由な人として生きられるのです。

この体と心は、よい体験をするために与えられました。小さな花も、小さな動物もしっかりと生きていきます。人間は霊性の動物です。もっと意識を進化させ、自分のクオリティを磨くことができる力を与えられています。

意識を覚醒させます。そして、宇宙的愛を育みます。調和をはかり、真理の智慧をもって生きていきます。そうすれば人生を無駄に駆けずりまわらずに、あなたの魂からの願いを叶え、そのために必要な才能を開花させて、より力強く生きられます。そして、ずっと健康でいられるのです。

瞑想を続けていくことで、一生の垢を取り除いて生まれ変わることができます。まさに命の洗濯です。海外旅行で心のリフレッシュもいいのですが、瞑想は細胞レベルまでできれいにする、心と体のクリーニングです。

「自分を知る」ことを生きがいに

ヒマラヤの教えが導いてくれるのは、自己の探求です。本当の自分を知っていくことです。そしてそれは、歩むほどに満ち足りてくる、一生続けられる内面への旅です。こうした人生の目的があることで、生きがいのある人生になります。

人は生まれてどこに向かうのかといえば、死に向かって旅を続けているわけです。その途上でさまざまなものに興味をもちながら、こうしたら幸せになれるなど、そのときどきの選択をして生きています。

しかし、それは本当の自分を知る旅ではありません。ただ肉体を維持して、心を維持するために、衣食住を充実させているだけです。

温泉に行ったり、いい音楽を聴いたり、好きな舞台を観たりすることで、心を豊かにして満足しています。趣味や習いごと、勉強など、やりたいことがある人もいるでしょう。もちろん、そうした楽しみや学びも必要ですが、その多くは一生のものではないと思います。ある程度やり遂げれば、次の目標が欲しくなります。自分の内側をつねに豊かにしてくれるものは少ないのではないでしょうか。

どんなに好きな趣味でも、死ぬ間際まで楽しむことはできません。ベッドでは体も動かせず、何かをする気力もないかもしれません。しかし、神を信じること、そして聖なる波動を広げるマントラは、何歳になっても、どんな状況でも生きがいをもたらしてくれます。子どもから大人までもつことができる、それは天国へのパスポートでもあります。

生まれてきた場所に還る

魂は還りたがっている

私たちはもともと神の子で、すべてを与えられて満ち足りている存在です。しかし、いつの間にかカルマで心が曇り、必要なもので十分であるという満足の心を忘れ、欲望や執着を追いかけるようになりました。

私たちはカルマを浄化し、純粋になって神のもとに還ることが神との約束ですが、純粋になるどころかますます心を曇らせ、無知となって、神との距離をつくってしまいました。

いくら感覚や心が満足しても安らぎはなく、魂は安息地へ還りたがっています。

ヒマラヤ秘教は、こうした私たちの根源に還る生き方を教えてくれます。それは真理であり、本当の自分である神のもとへ向かう旅の道筋をガイドし、導いてくれます。

神の力があることは、人間だけが知ることとです。悟りを開けるのも人間だけです。ただし、それは生きているからこそ、知り、そして体験できることとです。

ですから、生あるうちに神につながり、さらにその力を引き出し、恩恵をいただきながら神と一体になっていく悟りをめざしてはいかがでしょうか。信じる心を養い、つねに恩恵を受けたいものです。

ヒマラヤ秘教はカルマを浄めて、苦しみから解放され、生きがいをもって世の中によいものをつくり出す人間を増やします。そして、人々の魂のクオリティを高め、多くの人が「愛ある人、平和な人、智慧のある人になっていきましょう」という教えのシェアをしているのです。

ふつうに暮らしながら悟りの世界へ

私はヨガをはじめ、ヒーリングや瞑想、心理療法など、さまざまな勉強をした後に、ヒマラヤでサマディという悟りの体験をしました。それまでに30年ほどの時間を費やしましたが、どこにもヒマラヤ秘教のような深い体験を教えてくれる人や場所に出会うことはありませんでした。

そうした経験を踏まえて、この素晴らしい教えを皆さんに体験してほしい、そんな思いだけでここまで来ました。道場での活動のほか、本を執筆したり講演をしたりするのは、少しでも多くの方にヒマラヤの教えで幸せになっていただきたいからです。

私はヒマラヤの教えを、ふつうの人が日常生活を送りながら修行できるようにしました。しかも、最大の効果があるようにです。そこにはモダンな方法もブレンドして、親しみやすく、そして安全に心と体と魂を浄めて、根源に到達できるようにしました。もちろん、痛みもなければ、苦しさも、つらいこともありません。

あなたは、私のように何十年もの準備期間を必要とすることなく、マスターと神を信頼することで、一気に神につながることができます。時間と苦労を超越して、濃縮した最短コースのプログラムで悟りの世界に到達できます。苦行をすることも、洞窟に籠もって瞑想する必要もないわけです。

私はこれを素晴らしいことだと思います。日本にいながらにして、自分のカルマを浄めて、運命を変えることができるのです。生まれ変わることができるのです。人生がまた輝くわけです。あなたが本当に目覚め、心から解放され、自由な人になれ、本当の意味で自立できるのです。

心にふりまわされないコツ

何かを一生懸命やっているときは、まわりのことがわからないくらいに没頭します。それはそれで幸せなのですが、本当に必要なことに没頭しているのかどうかが重要です。「逃げ」のために没頭することもあり、没頭が「依存」になることもあるからです。

親からいいものを受け継ぎ、才能があり、性格がよく、まわりの人の助けもあるというような人もいます。それでも、まだやることはあるのです。

それは、真理を知ることです。自分はいったい誰なのか、本当の自分に出会う道を歩みます。自分はどこから来たのかを知り、源に還っていくのです。神を信じます。そして実際に神を知っていきます。

ヒマラヤ秘教の神の知り方は、この小宇宙である自分の源、神が創造してくださったこの肉体を気づきと修行の道具として、神の真理に達していきます。

それは変容の旅です。そうでなければ無知のままです。宇宙の中の自分という存在がわからず、ただ欲望のままに生きている――。これは、暗闇をやみくもに感覚を頼りに歩きまわって傷つき、恐怖と不安に怯えながら、生きているようなものです。

今のまま、今いる場所で変容が起きる

人間はさまざまなカルマによって、さまざまな生き方をしています。運がいい人もいれば、運が悪い人もいるでしょう。そして、それぞれのカルマにしたがって興味の示すところも違い、人の数だけその人の価値観における幸せな感覚があります。しかし、それは一時的な感覚です。そうしてつねに物を集めたり、安全や安らぎ、興奮や愛を求めたりしています。

ところが、それぞれのカルマを浄めることによって、何かが変わってきます。そこに安らぎが生まれます。見方が肯定的になっていきます。愛に満ちてきます。自分の中にやさしさが出てきます。迷いがなくなってきます。

今ある場所で、今のままで、内側が変化し始めます。さらに、本当の自分に達することができます。真理に出会っていきます。永遠の今に出会うのです。過去もなく、未来もなく、時間もなく、完全に今、全体を体験します。

その体験をすることで、心に左右されずに純粋な目で見ることができるようになります。そうなると、人間関係が悪くなって幸せになれないとか、怒りや悲しみに翻弄されて幸せ

になれないということがなくなり、すべての人や対象がありがたくて感謝の気持ちが湧いてくるでしょう。そこに平和な心が現れてきます。

しかし、すぐに本当の自分になるわけではありません。そこに向かう道を歩み続けることで近づいていけるのです。あなたはヒマラヤ秘教のディクシャによって高次元の存在につながっていきます。それを信じることでその絆を深めます。それが心にふりまわされないコツです。

ヒマラヤの瞑想が取り巻く世界を変えていく

そして積極的にさまざまなものを、つねに感謝の心で見る練習をします。好き嫌いという目で見ていると、好きなものは受け取り、嫌いなものは排除するでしょう。その**好き嫌いのもとになっているものは、あなたの価値観です。**その価値観を取り払って、純粋な目で見ることにより、すべてに感謝をする人になっていきます。すべてを愛の気持ちで見ることができるようになります。それが進化なのです。

私たちは、自分の好きなことだけをやって生きていくことはできません。皆で分かち合い、さまざまな役割をこなしてこそ、調和がとれた社会をつくり出すことができるのです。

さらに、与えられたことはすべて成長の機会であるととらえ、苦手なことでも苦手という気持ちを排除してやっていくことで、また新たなる発見があり、大きな成長につながります。そうした姿勢が、人間関係においては、好き嫌いがなく、それぞれの人に素晴らしさを感じ、感謝をしておつき合いをし、仕事をしていくことにつながります。そのようなことを可能にするものこそが、日々の瞑想です。

私はディクシャで、あなたを変容させ、瞑想を起こし、さらに瞑想の秘法を伝授していきます。その瞑想は、毎日、安心して行うことができます。信頼すれば、さらに自然にエネルギーがいただけるのです。

このように決められた修行があると、あれこれ迷わずに心を信頼できる対象に向けることができます。あなたを高める対象に意識を向けて瞑想することができます。それは浄める力があるからです。

次の特別編では、瞑想や秘法について、公開できる範囲でもう少し詳しく紹介させていただきます。瞑想や秘法とはどのようなものなのか、興味のある方はぜひご覧ください。

ヒマラヤ秘教のことば❺

● **ジャッジ**

他人を評価する、批判する心。

● **ブレッシング**

意識の高い人からの祝福、聖者やブラフマナ（司祭）から祝福と恵みや、高次元のエネルギーをいただくこと。シッダーマスターからのブレッシングを「アヌグラハ」という。

● **マントラ**

聖なる音の波動、高次元の存在の波動の短い言葉。ディクシャを通してシッダーマスターから伝授される。

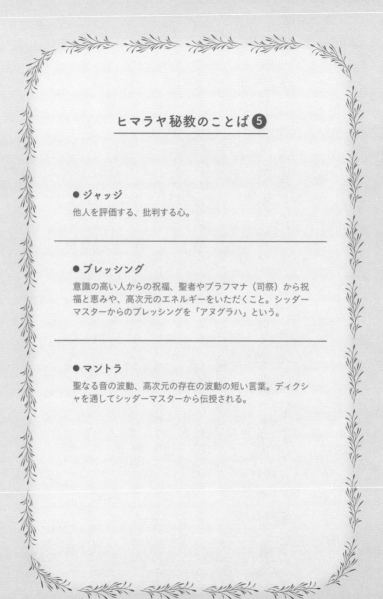

特別編

神につながる ディクシャについて

カルマを浄化して人を変容させるヒマラヤの恩恵

ヒマラヤの秘法はディクシャで伝授される

　ヒマラヤ秘教は才能を開花させる教えです。苦しみを溶かす教えです。神の力を引き出す叡智です。見えないからくりを自由自在にコントロールし、人を最高の人間に進化させる教えです。

　私たちの実践するプログラムは、あなたの苦しかった過去の残骸《ざんがい》に光を当てて溶かします。そうして内側のカルマを浄化し、変容を進めて、あなたを短い期間で生まれ変わらせます。それは美容室で伸びた髪を切るような、わかりやすい、実感できる変容といえます。

　ただし、神を信じて、マスターに全幅の信頼を寄せればという条件つきです。ひとりでは変われません。ヒマラヤ聖者であるマスターのガイドにしたがわなければならないのです。

ヒマラヤ聖者は厳しい修行によって死を超えることで、宇宙の成り立ちを悟りました。そしてそこに神の力、神秘の力がどう使われているのかを知ることで、人の過去生から来世までのカルマを、すべてきれいに浄化することができるようになったのです。

第4章でも紹介しましたが、本来、ヒマラヤ聖者は下界に下りてきません。しかし、私は大聖者の命によって「日本の皆さんに神の子にふさわしい生き方をガイドするように」と仰せつかり、修行していたヒマラヤから下りてきました。世界じゅうを見てもヒマラヤ聖者に会えることはまれで、まして日本で交渉をもてるのは、奇跡に近いことといえます。

私はサマディパワーで皆さんの気づきを増やし、根本からの変容と進化の手助けができればと思っています。

さまざまな種類のディクシャ

ヒマラヤ秘教の秘法はすべて、ディクシャと呼ばれる儀式で伝授されます。ディクシャではマスターが橋渡し役となり、源の存在とあなたをアヌグラハと呼ばれる高次元のエネルギーで結びつけます。これによって神とあなたのホットラインが開通することになり、聖なる絆でつねに守られることになるのです。

ディクシャには、さまざまな種類があります。クンダリーニディクシャ、クリヤディクシャ、クリパディクシャ、アヌグラハディクシャ、ディバインアイディクシャなどのディクシャもあります。

そしてディクシャをその手法によって分けると、マントラを授けるディクシャ、修行の秘法を授けるディクシャ、特別なシャクティパット（高次元のエネルギーをタッチで伝授）のディクシャとなります。それらの中から、あなたに合ったものをマスターが選び、マスターのガイドで受けていくことができます。

とりわけ過去生からの眠ったカルマを浄める「サンスカーラディクシャ」は、そう簡単にできることではありません。通常はいくら修行をしても、過去生のカルマは浄められないものです。

しかし、過去生のカルマは浄化を断行することにより、著しい変容が起きます。このサンスカーラディクシャは、マスターの高次元のエネルギーでサマディを起こしていく「他力のディクシャ」とも呼べるものです。

通常は、サマディに何回も入らないと浄めることができないものが、たった一日で深い、はかりしれないカルマを浄化し、生まれ変わらせることができます。奇跡のディクシャであり、贅沢なディクシャなのです。来生にきれいなカルマで還るために、皆様に受けていただきたいディクシャの秘法です。

そのほか、高次元のエネルギーで霊的レベルの手術を行うような「サマディディクシャ」も、深いカルマを浄め、願いを思いのままにして生まれ変わることができます。いろいろなディクシャが、あなたの才能を目覚めさせ、カルマを浄化し、進化していくことを助けてくれます。

カルマを浄めて来生に備える

カルマは誰の中にもあります。すべての人がカルマを浄め切ると、個人の人生が素晴らしく幸せなものになるばかりではなく、人類がさらに進化して、地球がさらに美しく平和で愛に満ちた惑星になることでしょう。

「もっと智慧ある人になりたい」「宇宙的愛ある人になりたい」「いつまでも若く健康でいたい」「意識を進化させたい」。これらの望みすべては、ヒマラヤ秘教で叶えられます。それはサマディへの道です。真理に向かう道を歩みます。多大な神の力を引き出すことは、神につながることで叶えられます。

そうして、心を浄め、体を浄め、カルマを超えることで、本当の自分になっていくことができます。そのプロセスで、あなたの望みが、あなたの魂が喜ぶものならば、順次叶えられ、幸福になっていきます。

さしあたってこれといった望みがなくても、ヒマラヤのパワーをいただいて神につながり、悟りをめざすことにより、カルマを浄めて来生に備えるといいのです。そうすれば未来はもちろん、今生の近い将来に内側の神秘の力が目覚め、さらに新しい生きがいが生まれてくることでしょう。

また、自分ではわからないのですが、過去生からのカルマには、悪い縁や悪いできごとを引き寄せる種や、いつ起こるかわからない災いの種が埋め込まれています。それらが芽生えて事故に遭ったり、大きな病気をしたりするかもしれません。

しかし、ヒマラヤの教えの実践は、そのような悪いカルマが目覚めないように浄化し、悪いカルマの芽を摘んでいきます。それは高次元のエネルギーであなたを変容させ、カルマごと運命を変えてくれるからです。

マントラは聖なる音の種子

マントラは宇宙の最初に生まれた聖なる音です。**音の種子です**。それは純粋な波動であり、秘密の神聖な音のディクシャで伝授されます。

ディクシャで伝授されるマントラは、日本では真言《しんごん》と呼ばれています。ヒマラヤ秘教では、サマディに達し、神と一体になった聖者のパワーが入ったマントラが授けられます。

そこには、神とひとつになった強力な悟りの力が込められています。そのマントラからは、強力な悟りのエネルギー、サマディパワーが放出されます。そのエネルギーを浴びると、体の不調が消える奇跡を起こすエネルギーです。マントラの波動はシッダーマスターのエネルギーにつながっていて、神につながっていくエネルギーです。ヒマラヤの聖者が長い年月の間、唱えてきた純粋な波動なのです。

その音の波動はメッセージをもち、目的に向かいます。マントラにより内側のさまざまなレベルを浄化し、パワーを創り出していきます。

マントラの波動は、マスターによって決められ与えられます。ヒマラヤ秘教の伝授は特別なもので、インドの他のマスターも、そうしたことは知らない秘法です。特別なディクシャ、伝授式になり尊いものです。

マントラはつねにマスターから正しい方法で伝授され、そのガイドを受けます。否定的な心で取り扱うと悪いことが起きます。そして、マスターからのマントラを唱えることは、マスターを信じることになります。マスターと神と本当の自分は一体なので、マスターとつながることは、神とつながっていることにもなります。あなたの中に、神聖なエネルギーがつねに満たされ、源へと向かっていきます。

お守りにもなるマントラ

さて、人は無意識につねに何かを心配したり、考えごとをしたり、執着をもったりして生きています。それだけでかなりのエネルギーを消耗し、大きな心配があるとぐったり疲れる人もいます。

そういう人は「考えるのをやめよう」と思っても、逆に「やめよう、やめよう」という考えにとらわれてしまいます。たとえばタバコをやめようと思っても、そこに少しでも執着があると難しいものです。

ところが、そんなときでも聖なる波動に意識を向ける、つまりマントラとともにあると、心配ごとや執着をスッと切り離すことができます。そして静寂が訪れ、リラックスした状態になるのです。また、カルマにつながった災いや事故がふりかかっても、すぐマントラにつながると大難が小難で済むことがあります。マントラが緊急の事態に対応して救ってくれるのです。

目的に応じた、波動の秘法マントラもあります。力を得たり、知識を得たり、愛を大きくしたりします。ビジネスに強い秘法、教育に強い秘法、科学に強い秘法、知識に強い秘法、癒やしに強い秘法などです。

それぞれサマディ瞑想のマントラ秘法です。さらにシッダーグルディクシャでサマディに入っていく悟りのマントラがあります。

悟りのマスターはすべてのエネルギーの浄めを熟知する

カルマの浄め方も人によって変わる

カルマを浄めるといっても、その方法はひとつではありません。カルマの個性や個人の性質によって、橋渡し役のマスターが適した方法を選びます。

早く悟りたい人とゆっくりと進みたい人では、方法が違ってきます。その人のストレスの多寡や信仰心の強弱によっても、選ぶディクシャは異なります。

クールな人、感情的な人、のんびりした人、せっかちな人、体力のある人、ない人、頭の切れる人、芸術家タイプの人など、人はいろいろです。エネルギーの伝授は、それぞれの人の体力や体質、性質なども見ながら、無理なく行っていきます。

細いパイプにいきなり大量のエネルギーを通したりはしません。マスターが、それぞれの人をよく見て、段階を踏んで行います。

同じディクシャを授けられても、感じる人と感じない人がいます。その人の感性によっても適した手法は変わってくるのです。

何かをイメージしながら行うイメージ・メディテーションは、感性の豊かな人に適しています。感性が豊かだと、イメージから入っていきやすいからです。一方、イメージすることが苦手な人に、イメージ・メディテーションを伝授しても、あまり大きな効果は期待できません。そのような人には、エネルギーを使った秘法でアプローチします。エネルギーを使う秘法は結果が出やすいだけではなく、ほとんどの人に効果があります。いわば「万人向けの秘法」といえるでしょう。

秘法伝授はマスターのさじ加減も重要

秘法にはエネルギーの強弱があり、薬と同じように、人によってさじ加減をしなければなりません。それに、ディクシャやマントラには、それぞれ注意点ともいうべきものがあります。たとえばマントラの修行は安全ではありますが、それは絶対に信頼のおけるマスターからの伝授によってこそ、安心できるものになります。ある種のマントラは、人を調伏することもできる強力な力を発揮するからです。いわずもがなですが、マントラを悪用してはなりません。

薬の場合、ずっと飲み続けていると効かなくなってしまうことがあります。そんなときは、少し間をおいてから飲んだり、同種のさらに強いものに変えたりします。ヒマラヤ秘法も同じで、与えた刺激に対しての反応を見ながら進めていきます。体力や神経の発達の強弱なども、見落としてはならない点です。

カルマを浄化する、さまざまな秘法がある

ヒマラヤ秘教には、聖者がサマディレベルから生み出したカルマを浄化する方法が、いろいろあります。それらを、さらに別の角度からまとめると、次のようになります。

・信仰によって祝福で浄める
・智慧の気づきで浄める
・意識の覚醒で浄める
・高次元のエネルギーで浄める（アヌグラハという神の恩寵による祝福）

・クリヤという、光のエネルギーを生み出して浄める
・マントラの音の波動で浄める

これらをどのように扱うかを、ヒマラヤの聖者は熟知しています。音の秘法、光の秘法がヒマラヤ聖者の真理のレベルの智慧から生まれました。遥か何千年も前にこの秘法は誕生し、現代にまで受け継がれているのです。

音の瞑想は、サマディ瞑想であるマントラという音の波動を内側に育むマントラ瞑想です。光の瞑想は、エネルギーの特殊な動きで光を生み出し、やがて光が生まれるクリヤの秘法瞑想です。

音の秘法は柔らかな修行ですが、光の秘法は強いので期間限定です。シッダーマスターの智慧とアヌグラハの恩寵で、特別な呼吸法や特別なムドラから生まれた秘法でもあります。ムドラとは「象徴」という意味で、エネルギーのコントロール法です。

マスターはあなたの幸せを願います。あなたがもっと速く変容したいと望むなら、カルマを最速で浄化する方法を選びます。光のエネルギーを強めます。信頼を強めて祝福をもっといただきます。

呼吸するように、自然に続ける

修行のことをサンスクリット語でサダーナといいます。ヒマラヤ秘教は、実践のサダーナが重要です。サダーナによって真理に出会っていきます。言葉で学ぶのではなく、自分が実際に体験していくのです。

心で理解し、体で理解し、究極は心もなく体もない見えない世界に没入していきます。それを体験します。そのものになります。

すべての意識が変容して、理解が深まり、真理を体験します。

ヒマラヤ秘教は最速で最高の道です。最高に進化した人になる道です。本来、人は何百回、何千回、生まれては死に、また生まれては死ぬという輪廻転生を繰り返し、少しずつ進化していきます。

修行のプロセスで、体が若返ります。内側から、エネルギーのレベルで輝き出します。なぜならカルマが浄化されて癒やされるからです。潜在能力が開発されます。

サンスカーラディクシャを受けた方が、次のような報告をしてくれました。

「今までいろいろなことを試みても、大勢の前でスピーチすることができなかったのですが、緊張しないでお話ができるようになりました。自信を取り戻しました」

「祝福をいただいた翌朝から、注文がどんどん来るようになりました。その翌週には、突如大きな商談がまとまりました」

「ディクシャをいただいた日、家に帰ったら、長年煩わされていた家族間の困難な問題が、たちどころに解消してしまいました」

安全に修行できるプログラム

私は、日本の人々にも深いヒマラヤ秘教の修行ができるように、安全な段階を追ったコースをつくりました。ヒマラヤの洞窟では社会と隔絶して内側の修行を行いますが、同じように一定期間社会と隔絶して内側への旅を行い、自分の内側の真理に出会っていただきます。エンライトメントコース、ヒマラヤ大学のコースなどがあり、段階を追って指導していきます。ヒマラヤの教えは単に知識を詰め込むのではなく、実践的です。

ヒマラヤの教えは、内なる才能を目覚めさせて、才能ある人、健康な人、また悟りの人になっていきます。光の人、愛の人になって人を助け、生かす人になっていきます。

こうした修行に、期限はありません。悟ってからも修行が必要です。皆に分かち合うためにさらに充電もします。あなたが一生食事をするように、一生呼吸し続けるように、生命のエネルギーにつながり、神の恵みをいただきます。

神秘の力を受け続けることは、生きている間ずっと続き、そのカルマの功徳は来生にも持ち越されていきます。そして、究極の悟りをめざしながら、本当の自分に近いクオリティを実践していくのです。神聖な人、愛の人、感謝の人、人を助ける人として、生きていくのです。

カルマの浄めにはマスターが必要

ディクシャをはじめ、さまざまな秘法の伝授や瞑想をする際には、必ず案内役となるマスターの助けが必要です。

自己流で瞑想をしていると、途中でカルマが現れ、その人をあらぬ方向に連れていくからです。幻覚を見ることもあります。さまざまなカルマによって、とんでもないところへつながり、狂気や恐怖の世界に引き込まれて、戻れなくなることもあるでしょう。

また、変な声が聞こえてきて、それにしたがっていくと突然悪魔が現れることもあるかもしれません。潜在意識の中には、過去生からのさまざまなカルマが積み重なり混在しています。やさしい声が悪魔のように変わることがあるかもしれません。美しい人が来て誘惑して、突然、悪魔に変身するのです。

誰もが、懸命に生き続け、カルマを積んできました。カルマの浄化など考えたこともなく、食べるため生きるために働いてきました。心の幸福で慰めと時を重ねてきました。カルマが浄化されておらず、とらわれや心配があり、否定的な体験がたくさんあると、阿修羅や悪魔が出てきやすいのです。

瞑想や修行には、こうした怖い面もあります。行ったことのない内側の世界。いったいどこに行くのでしょうか。そこには、つかまるものが何もありません。

そこで、ガイドをつけます。内側の旅のガイドは、マスターと呼ばれています。マスターがいれば、つかまるところがない場所でも平気です。マスターが手をとってくれるからです。暗いときには、懐中電灯で行き先を照らしてくれます。

マスターは、その道を何度も行ったことがあるので、どこが危険かも熟知しています。足元が危険なところでは、もうそろそろ足元に気をつけてと、ガイドしてくれます。生ゴミなどが捨てられて大きなゴキブリが出てきそうなところは、避けて通りましょうと手を引いてくれるのです。

内側への旅では、マスターとの信頼関係が非常に大切になります。前にも触れたように、マスターを愛し、神を信じ、自分を信じることが修行するうえでの絶対条件になります。内側を浄める作業は、とても大切なことであり、楽しく気楽にできることではありません。自分の部屋の整理整頓でさえ大変なのですから、自分の内側の整理整頓となると、なおさらです。それをひとりでやるとなると、さらに大変です。ガイドが必要なのはもちろんですが、修行には仲間もいたほうがよいでしょう。

そうして、内側の旅を無事に終え、内側の整理整頓もきれいにできたならば、とても気持ちがよくなります。まるで輝く宮殿の中に住んでいるような、あるいはそれ以上の気分を毎日味わうことができるのです。内側から気品と満ち足りた感覚が溢れ出るようになるのです。

ヒマラヤの絆を育てる

体のバランスも整える

体に疲労物質がたまり、体が歪むと〝幸せ感〟がなくなります。そこで多くの人が、さまざまな健康法を実践しているようです。

ヒマラヤの恩恵は、深いところから変容し、根本から改善されていきます。しかしそれは、巷で実践されているような健康法ではありません。

ふつうは内側を変えることはできないのですが、ヒマラヤの智慧で、その秘法は深いところから内側を変容させ、体の調和をはかる修行です。しかも無理なく楽に行えます。

私たちの体を整えるのはもちろんのこと、心も整えるので、深いところからバランスがとれてよみがえります。

若返り法、長寿法でもあるのです。

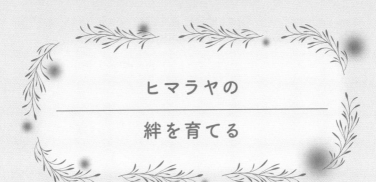

日常生活の中で修行できるプログラム

私は皆さんに、一刻も早く意識の進化を進めてほしいのです。この世界が、苦しみから解放された愛ある世界になってほしいのです。そのために、ヒマラヤから下りてきて、今この日本でヒマラヤ秘教の教えを最初のところから、説き起こしています。

私は悟りのプログラムを慈愛から開発し、それを提供しています。このプログラムにより、世界最速のスピードでカルマが浄化され、楽になれるのです。それに加え、週末や夏休みなどに、いうならば「仮出家」のようなことをしていただければ十分です。仮出家することにより、洞窟に入っての修行に匹敵するほどに、いやそれ以上に変容できるような仕組みを用意しました。

都会の中での仮出家ですが、電話はかかってきませんし、テレビもスマホもないので、内側に深く入っていくことができます。安全で誰にも邪魔されない空間です。ヒマラヤの奥地のように、酷寒でも灼熱でもなく、蛇もライオンも襲ってきません。大きなゴキブリや蚊もいません。その意味でも安心できる、神聖なパワーに満ちた聖なる空間です。

そこで、自分だけで修行をしていたのならば、何年もかかるどころか、確実に到達できるかどうかわからないほどのハイレベルな修行を、かなりの短期間に一気に仕上げてしまうことができるのです。それは、その道をすでに歩んできたマスターがいるからです。そのマスターから高次元のエネルギーを直接いただくことで、神ともつながることができるとともに、瞬く間に変容することができるのです。

ヒマラヤの修行は誰でも実践できる科学的なプログラム

儀式や秘法という言葉の響きから、怖いイメージをもつ人がいるかもしれません。どんなことをするのだろう、と不安な気持ちで問い合わせてこられる方もいます。しかし、ヒマラヤの教えは誰にでもできるシンプルな修行法です。そこにサマディの智慧がありパワーがあることが、深いところからの変容を起こさせるのです。

これまで紹介したような様子で、ヒマラヤの恩恵を皆さんにシェアしています。恐怖や不安が先に立つようでは、神聖な伝授は行えません。セミナーや合宿の会場では、神聖なエネルギーが充満しています。平穏で安らかな静けさがあります。

ヒマラヤ秘教の教えや修行は、科学的なプログラムになっています。

ここまでヒマラヤ秘教について、さまざまなことを述べてきました。自分を変容させ、豊かな人生を歩みたい方は、一度ヒマラヤの教えを体験してみてください。

カルマを溶かし、運命を変えられる、ヒマラヤ秘教への扉はいつでも開かれています。

あなたの魂が、あなたをこの本に出会わせたのです。こうして私の本に目をとめ、読まれたこともカルマです。私、ヨグマタとあなたのご縁です。本書を読んで、少しでも心の平穏を感じていただければ幸いです。

本当の自分、神を知る体験に興味があれば、無理なく修行を実践されるのもいいでしょう。神につながり本当の自分につながっていくと、大きな守りをいただき、またありとあらゆるパワーと才能を引き出し、毎日奇跡が起きることでしょう。

人生の最高の目的は、悟りを得ることです。よりよく生きるために神につながります。よいエネルギーを呼び込むのです。

そしてカルマを浄化するため、シンプルで効果的な秘法を実践します。サマディの智慧により、本来できない内側のことを行うのです。

悟りのプロセスで、さまざまな恩恵がいただけます。迷いがない、苦しみのない生き方ができます。
神の力を引き出し、奇跡の祝福をいただいて生きるのです。
自分の才能を最高に発揮できるのです。
そしてあなたから発する、愛と智慧をシェアする生き方をしていきます。
それがあなたの魂からの願いなのです。

ヨグマタ相川圭子《あいかわけいこ》

1945年山梨県生まれ。女性で史上初めて「究極のサマディ（悟り）」に達したシッダーマスター（サマディヨギ／ヒマラヤ大聖者）。現在、会うことのできる世界でたった2人のシッダーマスターのうちのひとり。仏教やキリスト教の源流である5000年の伝統をもつヒマラヤ秘教の正統な継承者。1986年伝説の大聖者ハリババジに邂逅。標高5000メートル超のヒマラヤ秘境で、死を超える究極のサマディ、神我一如を成就。何日間も究極のサマディに没入し復活。2007年インド最大の霊性修行の協会「ジュナ・アカラ」より、最高指導者の称号「マハ・マンダレシュワル（大僧正）」を授かる。日本をはじめ欧米などで法話と祝福、ヒマラヤ瞑想秘法を伝授。国連の各種平和のためのイベント活動や、ワールドピース・キャンペーン・アワード（世界平和賞）開催などを行う。2023年6月にNY国連本部で開催された国際ヨガデーの式典ではインドのモディ首相に祝福を与える。主な著書は『瞑想の力』（大和書房）、『ヒマラヤ大聖者のマインドフルネス』（幻冬舎）、『八正道』（河出書房新社）、『The Road to Enlightenment: Finding the Way Through Yoga Teachings and Meditation』（講談社USA）等80冊以上。
HP　https://www.science.ne.jp

［新版《しんぱん》］奇跡《きせき》はいつも起《お》きている　宇宙《うちゅう》を味方《みかた》にする方法《ほうほう》

2024年3月20日　第1刷発行

著　者　相川圭子《あいかわけいこ》
発行者　佐藤 靖
発行所　大和《だいわ》書房
東京都文京区関口1-33-4　〒112-0014
電話　03（3203）4511

本文印刷　シナノ印刷
カバー印刷　歩プロセス
製　本　小泉製本

ISBN 978-4-479-77244-6

http://www.daiwashobo.co.jp

＊本書は、2014年12月に小社より刊行された『奇跡はいつも起きている』に、大幅な加筆・修正をし、書き下ろし（第1章）を加えて構成・編集したものです。